儿童口才课

王 英◎编著

中国纺织出版社有限公司

内 容 提 要

口才是一项能力，而能力一定是通过培养才修炼成的。把孩子从小培养成为一个拥有优秀口才的人，让孩子大胆地去表达吧！

本书针对孩子语言敏感期特点，深刻阐述培养孩子口才的有效方法，不管孩子是话痨，还是过于安静，都是口才不好的一种表现。父母若想改变孩子的这种情况，那就从小开始培养孩子口才，让孩子成为一个会聊天，善沟通，表达能力强的人。

图书在版编目（CIP）数据

儿童口才课 / 王英编著. --北京：中国纺织出版社有限公司，2020.9
ISBN 978-7-5180-7695-6

Ⅰ.①儿… Ⅱ.①王… Ⅲ.①语言艺术—儿童教育—教材 Ⅳ.①H019

中国版本图书馆CIP数据核字（2020）第139287号

责任编辑：王 慧 责任校对：高 涵 责任印制：储志伟

中国纺织出版社有限公司出版发行
地址：北京市朝阳区百子湾东里A407号楼 邮政编码：100124
销售电话：010—67004422 传真：010—87155801
http://www.c-textilep.com
中国纺织出版社天猫旗舰店
官方微博http://weibo.com/2119887771
三河市宏盛印务有限公司印刷 各地新华书店经销
2020年9月第1版第1次印刷
开本：880×1230 1/32 印张：6
字数：89千字 定价：39.80元

▪ 前 言 ▪

近年来，口才已经在各行业被作为考核的重要标准之一。众所周知，所有优秀的孩子都必须具备的特点有：优异的学习成绩和出色的综合素质。而口才恰恰是一个孩子综合能力的反映。如果要想孩子成才，那就应该从小努力培养孩子这方面的素质。

教育专家说："语言是思维的外壳。"一个孩子若是能说会道，他通常都头脑聪慧，思维敏捷。毕竟，口才与思维的训练是密不可分的，如果要使孩子更聪明，那就应多多训练孩子的口头表达能力。

口才与写作能力两者之间完全是可以相互转化的，真正善于表达的孩子，把自己表达的内容记录下来就是好文章。毕竟，写作训练的原则就是从说到写，会说是会写的基础。不过，也有的孩子善于写作，文章通顺流畅，不过表达却略显拘谨，这就需要训练，先写下来再表达出来也是练口才的方法。比如孩子写下提纲，厘清思路，那就可以进行有效的口语表达了。如果孩子既"读书破万卷，下笔如有神"，又"伶牙俐齿"，那孩子未来前途将不可估量。

　　由此看来，训练孩子的好口才，不仅有助于孩子的升学，而且对孩子以后的学习生活有深远的影响。越来越多的父母已经关注到孩子口才的培养，口才的培养可以帮助孩子提高情商、智商、表达、表现等综合素质与能力，培养孩子自信心，使孩子性格更加开放，组织能力、思维能力更加优秀突出。

　　可以说，父母是孩子未来口才大师的缔造者，家庭是打造口才大师的最佳学校。父母需要有意识地挖掘潜力和制订计划，这是为锻炼孩子口才做前期准备。同时，家里营造出浓浓的学习语言的氛围，这为孩子提供了实践的机会。在家里创设一种宽松愉悦的氛围，让孩子每天都沉浸在"语言表达"氛围中，喜欢说话，带着好奇心和热情接受语言训练。自然而然，孩子在未来就能够成为出色的口才大师。

编著者

2020年6月

■ 目录 ■

上 篇　不急不急，我会表达我自己

下 篇 不怕不怕，我会大方勇敢说话

上 篇

不急不急，我会表达我自己

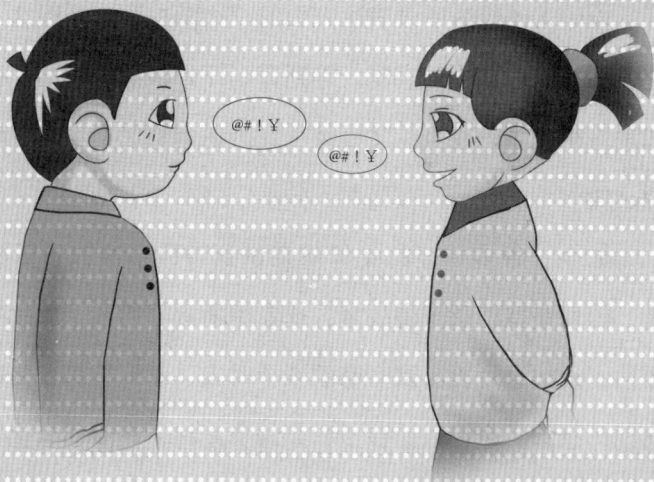

第01章 孩子口才好，丰富的语言素材少不了

坚持给孩子讲故事，积累语言素材

幼小的孩子在没有学会说话之前，其实是在进行语言的积累。他们看似默默无声，实际上正在用心倾听他人的表达，也在潜移默化中完成学习和积累的过程。很多孩子学会说话比较晚，被他人评价为话语表达方面的"小懒虫"，当然这不是指责，而是一种爱怜的表现。等到真正开始说话的时候，孩子就能说得很流畅，甚至让父母都很好奇他们到底是什么时候学会说话的。

如今，很多年轻的父母都意识到讲故事给孩子听的重要性，因而坚持给孩子讲故事，或者用播放器给孩子放故事听。当然，讲故事可以丰富亲密的亲子时光，不但能培养父母与子女间的感情，也可以让孩子积累语言素材，在潜移默化中学会语言表达。而听故事机，则能够让孩子潜移默化学会说话，学习表达的方式。当然，父母如果有时间给孩子讲故事更好，如

果没有时间给孩子讲故事，让孩子听听故事机也是不错的选择。但是一定要记住，如果想让孩子流畅地表达，就不要忽略帮助孩子积累语言素材。

此外还要注意的是，虽然很多父母都希望孩子能够一本正经，安静地坐在那里真正听故事，但实际上这对于年幼的孩子而言根本不可能做到。为孩子讲故事更重要的是形成一种氛围和环境，而不是一味地强求效果。所谓有心栽花花不成，无心插柳柳成荫，这更适合描述幼儿的学习状态。还需要注意的是，很多父母对于幼童的教育都存在一定的误解，觉得幼童还小，甚至听不太懂故事，所以讲故事也就没有必要，更无法起到预期的效果。殊不知，这样的想法是错误的。正如上文所说，对于幼童而言，营造良好的语境才是最重要的，也会对于幼童的成长起到关键作用。对于孩子而言，听故事不但能够提升他们的语言表达能力，帮助他们积累语言表达的素材，也是促进他们语言发展的最好方式之一，是孩子在幼年阶段不可取代的一种受教育方式。与此同时，通过讲故事，父母还可以教会孩子一定的道理，让孩子懂得道理，明白事理。此外，孩子听有逻辑的故事也有利于其思维发展，帮助孩子形成逻辑思维的能力，促进孩子的智力发展。

甜甜三岁多了，最喜欢听《小兔乖乖》的故事，经常会一边玩耍一边放着《小兔乖乖》的故事作为背景。看起来，甜甜并没有在专心听故事，然而一段时间之后，妈妈惊讶地发现甜甜居然已经能够绘声绘色地把《小兔乖乖》的故事从头到尾、完完整整地讲一遍了。有的时候，甜甜还会配合着动作呢，看起来简直就像一个小小的"故事大王"。看着甜甜熟练地讲着故事，妈妈这才知道甜甜一次又一次听着《小兔乖乖》，原来是在努力学习啊！

很多时候，孩子一遍又一遍听着同一个故事，父母往往会表示不理解，觉得明明有那么多好听的故事，孩子为何偏偏要听着同一个故事呢？甚至，有些父母要求孩子换一个故事时，还会被孩子拒绝。实际上，孩子反复听着同一个故事，并非在浪费时间，而是在用心地学习。通常情况下，一个故事至少也要有几百字，因此年幼的孩子根本不可能只听一次就记住。所以，对于感兴趣的故事，孩子就会要求反复地听，这从本质上而言是在复习故事，也是在背诵和记忆故事。等到孩子把故事深刻地记在心里，自然能够流畅地把故事讲出来，也就把故事内化成自己的了。

多多听故事，对于孩子很多方面的发展都有好处。只要父母坚持给孩子讲故事，或者坚持给孩子听故事，日积月累，孩子在表达上的突飞猛进将会让父母大吃一惊。很多细心的父母会发现，三四岁的孩子原本说话还不太利索呢，但是嘴巴里经常冒出一个成语或者一个高深一点的书面词语，这都是孩子在潜移默化的学习中不断积累的成果。为了让故事给孩子留下深刻的印象，父母在给孩子讲故事时首先要做到绘声绘色，还可以根据故事情节加上肢体语言，这对于吸引孩子的注意力，帮助孩子理解和记忆故事都是很有好处的。

其次，为了帮助孩子深刻理解故事，父母还可以与孩子分别饰演故事中的角色，演绎故事中的对白，这样孩子就会把自己当成故事里的人物。很多孩子对这样的角色扮演游戏乐此不疲，父母也应该全力配合孩子，激发起孩子听故事、学习故事的兴趣。

最后有一点需要注意的是，很多父母在给孩子讲故事的时候，中间会停顿很多次，询问孩子对于故事的感悟和领会。殊不知，故事是完整的，如果被生硬地打断，就会对孩子欣赏故事起到负面的影响，也会在无形中打断孩子的思路，导致孩子对于故事没有完整的印象。明智的父母不会在孩子听故事的过程中打断孩子，而是把一切的思考和讨论都放到讲完故事之后进行，这对于孩子欣赏故事和理解故事，都是有很大好处的。

坚持阅读，让孩子从哑口无言到妙语如珠

曾经有一位伟人说，书籍是人类精神的食粮。的确，书籍

承载着人类上下几千年的文化。当一个人畅游在书海之中时，足不出户就可以日行万里，身未动，心已远，不但能够知晓古时代的事情，也能够畅想未来。所以要想提升孩子的语言表达能力，帮助孩子积累说话的素材，父母一定要培养孩子多读书的好习惯。

对于喜欢读书的孩子而言，可以没有好吃的，没有好喝的，只要有一本好书在手，他们就觉得内心充实，满心欢喜，绝不觉得生活索然无味。然而，对于不爱读书的孩子而言，书上的一个个方块字在他们的眼前狂欢，让他们觉得头昏目眩，根本无心去看书本上到底写了什么。有人说书是知识的海洋，的确，当觉得内心空虚或者灵魂干涸的时候，书总能起到良好的滋润作用，让人生也变得鲜活起来。为了帮助孩子养成良好的阅读习惯，父母要从小就培养孩子的阅读兴趣，让孩子从书本中得到更多的乐趣和知识，也让孩子从不知阅读为何物，到真正爱上阅读。孩子在坚持阅读，从书籍中获取更多的知识和心灵的养料后，当然能够侃侃而谈，甚至出口成章。

有人说，学习语文是很难的，因为它看似简单，但是一旦落下，就无法有效地进行弥补。归根结底，是因为语文学习要以阅读为基础，而阅读是长期坚持才能看到效果的，并无法一蹴而就。所以假如一个孩子不擅长语文学习，想要恶补阅读，就会面临巨大的工作量。相比起语文，数学的成绩是很好提升的，因为数学讲究逻辑思维，也具有阶段性，知识点之间的逻辑关系较为紧密。所以数学相比起语文是更容易补习的，这也从侧面告诉每一位父母从小培养孩子阅读兴趣的重要性。

小米从小说话就词不达意，幸好爸爸妈妈都了解小米，也能理解小米的意思。然而，自从进入三年级，小米开始学习写作文，爸爸妈妈就着急起来。原来，小米每次写作文都像挤牙膏一样，短短的一两百字，她一整天都坐在书桌前苦思冥想，就是写不出来。爸爸妈妈不止一次帮助小米写作文，但是这并没有真正帮到小米，反而使得小米写作文越来越困难。在一次期中考试时，小米索性作文一字不写就交了卷，结果被老师狠狠批评了一通。

自从发生作文白卷的事情后，爸爸妈妈意识到不能再帮小米写作文了，否则考试的时候谁能帮她呢？为了改善小米一写作文就"挤牙膏"的情况，爸爸决定让不喜欢读书的小米从阅读作文集开始，每天都坚持读作文集。一开始，小米读作文集也漫不经心，读完之后什么都复述不出来。后来，爸爸还要求小米读完作文集必须学会复述，逼着小米读的时候多多用心，日久天长，小米写作文的时候也能想起曾经读过的只言片语，虽然达不到一气呵成、出口成章的水平，但是也能够写出干巴巴的一篇作文了。爸爸妈妈都感到很欣慰：这只是第一步，随着小米读的书越来越多，她写作文的窘境一定会有所改善的。

　　随着读书越来越多，小米已经不满足于读同龄人的作文了，为此爸爸提供高年级的作文给小米读。渐渐地，小米从厌恶读书，到后来爱上读书，不但写作文能力大大提高，词不达意的状况也一去不返。如今的小米很擅长利用语言，有的时候还会把爸爸妈妈都反驳得哑口无言呢！

　　对于一个从未读过书的孩子而言，只靠着生活中短浅的见识和粗浅的阅历，是很难写好一篇文章的。只是坚持读作文，小米的进步就很明显，也很快速。可想而知，如果孩子从小就喜欢读书，语言表达能力一定会大大增强。语言的积累主要是在平时下功夫，让孩子准备一个名言警句的摘抄本，或者是好词好句的剪贴本，对于孩子而言都是很好的学习和阅读习惯。如今，很多孩子都习惯于阅读电子书，实际上一本纸质的书更能培养孩子的阅读兴趣。好记性不如烂笔头，在整理这些好词好句的过程中，孩子也会对这些词语印象更加深刻，自然会把这些词句不断内化到自己的心里。如此一来，日积月累，孩子说话的时候还不能做到顺畅流利吗？也许孩子的妙语如珠，还会让作为父母的你都自叹不如呢！

　　培养孩子坚持阅读的好习惯，父母一定要从自身做起。很多家庭中，父母本身就不喜欢读书，那么孩子缺乏书香的熏陶，更看不到父母对书本的着迷，当然不会对阅读产生兴趣，更无法爱上阅读。都说父母是孩子的第一任老师，要想帮助孩子养成阅读的好习惯，父母首先要从自身出发，为孩子树立好的榜样，对孩子起到积极的引导作用。如今，很多年轻人都是不折不扣的低头族，不管是走着还是站着，不管是坐着还是躺着，只要一有时间，就会拿起手机，盯着闪烁的手机屏幕不停地看着。长此以往，孩子怎么可能不学着父母的样子，也盯着电子产品看个没完没了呢！很多孩子才两三岁，眼睛就有近视的趋势，甚至完全患上近视，这都是电子产品惹的祸。因而不管是从培养孩子阅读习惯的角度来说，还是从保护孩子眼睛的角度而言，父母都应该以身作则，引导孩子多多看书。当父母放下电子产品，与孩子共度亲子阅读时光时，相信孩子一定会爱上阅读，也会在无形中提升表达能力，顺畅表达。

　　为了激发起孩子阅读的兴趣，还可以先启发孩子的求知欲。孩子本身就充满强烈的好奇心，对一切不了解的事情都想努力探寻。父母正好可以借助于好奇心激发起孩子的求知欲望，用书籍打开孩子看向世界的眼睛。当然，在孩子读书的过程中，父母一定要杜绝功利心理，给孩子自主选择图书的权利。所谓兴趣是最好的老师，如果父母一味地以有利于学习为标准要求孩子读书，渐渐地，孩子就会失去对读书的兴趣，这无疑是得不偿失的。只要不是不好的书，就随便让孩子去看，所谓开卷有益，当孩子打开一本书沉下心来去看，就一定会从书中学习到很多东西。而知识的积累未必要在第一时间就显现出效益，父母一定要更加理解和尊重孩子的阅读兴趣，也要以顺其自然、尊重孩子的态度保护好孩子的阅读兴趣，这样才能让阅读成为孩子心中的苍天大树，始终郁郁葱葱，为孩子的人生带来纯净清爽的天空。

坚持摘抄，积累对自己有用的语言

在上一篇中，我们提到了摘抄本和剪贴本。实际上，从帮助孩子积累表达素材的角度而言，摘抄本的效果是更好的。常言道，好记性不如烂笔头，对于大多数孩子而言，只简简单单看几遍，是很难把一段话完全记在脑海中的。而当记忆几次之后，再拿起笔把这段话认认真真地一边默念一边写下来，则会起到更好的记忆作用。有人说，抄写一遍比背诵十遍效果更好。的确如此。这是因为背诵只是从心到嘴巴的过程，而抄写则是从心到嘴巴再到手的过程，是记忆的深度加工，尤其是从嘴巴到手的记忆过程，更是不可替代且效果显著的。

每个孩子都需要一个摘抄本，也许刚开始的时候他们会排斥以这样既要动脑又要动嘴还要动手的方式去记忆，不过没关系，父母可以引导孩子循序渐进，不要给予孩子过大的压力，从而避免孩子产生逆反心理。此外，建议孩子准备摘抄本也要把握好时机。人的本能都是趋利避害的，孩子的本能则是"偷懒"，能少干一点就少干一点，最大限度地给自己减轻负担。所以如果父母平白无故就让孩子准备摘抄本，在繁重的学习任务之外给予孩子太大的负担，那么孩子当然会很抵触。明智的父母会选择在孩子想要说话却不知道如何措辞、想要写作文却不知道如何下笔的时候，恰到好处地给孩子提出这个建议。如果孩子质疑摘抄本的效果，没关系，父母完全可以拍着胸脯向孩子保证：只要假以时日，效果一定非常显著。只要说服孩子真正去尝试，一定会收获意外的惊喜。万事开头难，一旦开了头，尝到了摘抄本的甜头，还担心孩子不会去做吗？

在爸爸妈妈的引导下，小米喜欢上了看作文集，虽然作文水平还达不到很高，但是至少能勉强完成一篇作文了。随着年级的不断升高，不但作文的要求越来越高，学校里还开展了针对高年级同学的演讲比赛。看着台上的同学引经据典，慷慨激昂，小米也忍不住热血沸腾。回到家里，她就问妈妈："妈妈，那些演讲的同学讲得真好，为何他们知道那么多名人说的话呢？说出来，真的很有力度，让人想不信服都难。"妈妈看着小米羡慕的眼神，说："是啊，能够知道名人说的话，在必要的时候借鉴名人说的话，的确会具有强大的说服力，用在作文里也如同璀璨的珍珠一样熠熠生辉。"小米问妈妈："怎样才能读到名人名言，再记住它们呢？"妈妈看着小米求知若渴的样子，欣慰地笑了："你想读，妈妈可以给你准备相关的书籍，不过仅仅读是记不住的，你还需要一个摘抄本。"

"摘抄本？"显而易见，小米不知道摘抄本为何物。妈妈向她解释："摘抄本，就是一个专门用来抄写的本子。当你看到好的词语，优美的句子，或者是喜欢的名人名言，你就可以把它们抄写下来，记录到本子上。这样，你的记忆会很深刻，不管是演讲还是写作文，都可以用上。如果记不清楚，还可以在闲暇时间翻开摘抄本去认真阅读复习，渐渐地，你就会记得越来越清楚。"小米感到很兴奋，当即问妈妈："妈妈，你可以为我买一个摘抄本吗？我想去记录，我还可以借此机会练字，让我的摘抄本漂漂亮亮的。"妈妈当然愿意，次日，小米就有了摘抄本，她还在妈妈的指导下对摘抄本进行了分类，从此以后感到"词穷"时，她再也不发愁啦。

把名言警句引用到演讲或者作文中，当然会起到良好的效果。对于小米而言，她此前从来不知道摘抄本为何物，现在既然知道了，就要把摘抄本的作用发挥出来，也让自己说起话来引经据典，出口成章。

大多数孩子都有争强好胜的心理，也希望自己能够像他人那样站在舞台上慷慨激昂地演讲，或者在作文中有出类拔萃的表现。然而，掌握语言需要一个不断积累的过程，父母要从小引导孩子有意识地积累对自己有用的语言，这样才能事半功倍。从本质上而言，摘抄本更像是孩子们的语言库，会为孩子们积累大量的好词好句，也会让孩子们在需要的时候马上就知道去哪里寻找，唤醒记忆。

阅读是提升口才能力的必经之路

不管是对于孩子而言，还是对于成人来说，阅读都是提升语言表达能力的必经之路。而要想把阅读提升到更高的层次，朗读就成为比阅读更高级的形式。如果说阅读只是在默默无声地为孩子们积累语言表达的素材，那么朗读则会在阅读的基础上，把无声变成有声。绘声绘色、流畅响亮的朗读，对于孩子语言表达能力的提升卓有成效。

大声朗读不但能够让孩子说起话来口齿清晰，字正腔圆，而且能提升孩子的自信心，让孩子在很多场合都能做到大声说话，绝不退缩。与此同时，大声朗读和默读相比，多了出声的过程，所以更有助于孩子们理解和记忆所读的内容。养成大声朗读的好习惯，不但有利于孩子的学习，更可以培养孩子对朗读的热情，让孩子爱上朗读，这会让孩子的一生受益匪浅。最近这段时间，有一档朗读信件的节目。在节目上，诸多明星读起一封信，都会忍不住潸然泪下。这就是朗读的魅力，它更加深入人心，打动灵魂。

要想培养孩子的语言表达能力，父母一定要用心培养孩子朗读的好习惯。当孩子朗读一段时间后，不但会使用朗读时积累的词语，也会使用朗读的语气和激情，让语言表达变得绘声绘色。然而，教育部针对两万五千名五年级小学生展开的调查结果显示，大多数孩子每周用于看电视的时间高达二十一个小时，而用于阅读的时间只有不到两个小时。如此巨大的差距，必然会给孩子的语文学习造成巨大的障碍。为什么很多孩子都不喜欢阅读和朗读呢？研究显示，父母如果在孩子小时候就坚持给孩子朗读故事，陪伴孩子一起阅读，那么孩子将来爱上阅读的可能性会大大提高。而如果父母从来不给孩子朗读故事，更没有和孩子共享宝贵的亲子阅读时间，那么孩子就很难真正感受到阅读的乐趣，也无法发自内心地爱上阅读。

培养孩子朗读的好习惯，要先从让孩子爱上阅读做起。不管是阅读还是朗读，对于孩子而言都是与书籍交流的过程。从小就培养孩子对于图书的热爱，让孩子真正爱上阅读，能够大声地把喜欢的文字朗读出来，对于孩子而言有着至关重要的意义。尽管养成阅读习惯的过程一定是缓慢而又艰难的，但是坚持不懈的父母最终会惊喜地发现，孩子居然捧着一本又厚又重的书开始读起来，成为了不折不扣的"书虫"。这一刻父母当然是感动不已的，也是感到如释重负的，因为这意味着孩子真正领略到了阅读的魅力，而父母的一切坚持都有了回报，对孩子的付出也有了结果。让孩子领略到阅读的魅力和乐趣，是帮助孩子坚持阅读的重要方式和途径。

为了给孩子起到带头作用，父母可以声情并茂地给孩子示范如何朗读，并且让孩子沉浸其中，吸收父母朗读的精华，从而把朗读发挥得更好。总而言之，培养孩子对于朗读的热情，不但有利于帮助孩子养成良好的阅读习惯，也是父母送给孩子的最好礼物。

家庭语言环境，影响孩子的口才发展

孩子最主要的活动场所是家里和学校。在学校里，孩子会与老师和同学交流，而要想为孩子营造良好的语言环境，父母就要在优化家庭语言环境方面多多下功夫。毕竟老师既要承担起教书育人的工作，又要同时面对很多的孩子，已经非常辛苦，父母完全没有理由要求老师去单独培养孩子的语言表达能力。负责任的父母知道，这需要自己做得更好，才能让孩子受到积极的影响，也让孩子在潜移默化中提升语言表达能力的同时，感到轻松愉快。

刚刚出生的婴儿就像是一张白纸，对于这个世界毫无了解。在人生的最初几年，孩子最依赖的生存环境就是家庭环境，也在不断地与父母、家人等相处。从这个角度而言，所谓父母是孩子的第一任老师是很有道理的。在还不懂得学习为何物时，孩子就已经开始潜移默化地接受父母的影响，接受家庭环境的熏陶，这种渗透对于孩子而言是无法抗拒的。所以从不同的家庭出来的孩子往往性格迥异，这就是家庭环境对于孩子的影响和熏陶在起作用。为了给予孩子更好的语言环境，即使在孩子出生之前说话随意，甚至时常蹦出脏话的父母在有了孩子之后，一定要让自己配得上父母的称呼，做出与父母这个称呼相应的言行举止。否则对孩子的负面影响一旦形成，再想消除就很难了。

提起杨洋，老师简直又爱又"恨"。爱的是杨洋思维敏捷，在学习上很有天赋，学习成绩在班级里始终名列前茅。"恨"的是，杨洋尽管在学习上表现很好，但是在团结同学方面就不尽如人意了。也并非说杨洋喜欢欺负同学，而是杨洋的语言暴力情况很严重，动辄就对同学说一些粗暴的、不堪入耳的话，导致同学们都不愿意与杨洋交流。

有一天，杨洋因为同桌不愿意借橡皮给他用，对其出言不逊："奶奶的，你这个龟孙子平日里总让我帮助你，现在却这么小气。"同桌当即就找到老师要求调整座位，再也不愿意和杨洋坐在一起被骂作"龟孙子"了。有一次，杨洋与另外一位同学发生冲突，虽然拳头很老实，但是嘴巴却不老实，一连声地说："你大爷的，我打死你，信不信？"虽然老师对杨洋展开了好几次教育，让杨洋一定要保持语言文明，但是没过多久，杨洋又会犯老毛病，对同学恶语相向。老师实在没办法，只好借着杨洋期中考试成绩下滑的机会去杨洋家里家访，没想到才走到杨洋家门口，就听到屋子里传来刺耳的怒吼："你这个兔崽子，这次怎么考得这么差，信不信我抽死你！"老师情不自禁地皱起眉头：难怪杨洋总是满嘴污言秽语，有这样的家庭语言环境，即使是个成人，恐怕也抵制不住扑面而来的负面影响吧！

老师的推测很对，杨洋之所以满嘴污言秽语，就是因为他的爸爸说话很粗暴，杨洋不知不觉中受到爸爸的影响，说起来话来便充满暴力。很多父母都禁止孩子说脏话和狠话，但是自己说起话来却总是恶狠狠的，还常常自以为是地认为污秽的语言能增强说话的力量。对于这样的父母而言，最重要的是先从自己身上寻找原因，首先反思自己，净化家庭语言环境，才有资格要求孩子语言文明。

父母对于孩子潜移默化的作用是很强大的，从不良的家庭语言环境中成长出来的孩子，不知不觉就会沾染恶劣的语言习惯。不管年轻人多么以为说脏话狠话很酷，一旦有了孩子，就要坚决杜绝在孩子面前说脏话、说狠话。只有为孩子提供良好的家庭语言环境和家庭氛围，孩子才能内心柔软善良，遇事不暴躁不冲动，更不会恶言相向导致人际关系破裂。

为孩子优化家庭语言环境，除了要避开污言秽语之外，还要提升家庭语言环境的知识性。当父母的文化程度都很高，经常与孩子深入探讨一些知识性的问题时，孩子也会渐渐形成言之有物的良好语言习惯。因而为了让孩子有思想有深度，父母也应该努力提升自身文化修养，增强对于知识的学习，不断坚持进步，这样才能跟得上孩子前进的脚步，始终以孩子领路人的角色出现。当然，既然目的是提升孩子的语言能力，父母还可以有意识地把家庭变成语言训练基地。只有有意识地培养孩子的语言表达能力，让孩子认识到语言表达的重要性，有的放矢地帮助孩子组织好语言，孩子的进步才会更加快速。孩子的成长从来不是一蹴而就的，每位父母都要对孩子更用心，更积极主动，才能引导孩子不断进步，坚持进取。总而言之，语言的进步和提升离不开语言环境，父母只有为孩子优化家庭语言环境，营造良好的语言氛围，才能不断激发孩子的语言天赋，让孩子的语言表达能力得到最好的发展。

语言是打开智慧之门的钥匙

众所周知，语言是思维的外衣，也是孩子打开智慧之门的钥匙。所谓表达，就是把内心的话经过组织，从而条分缕析地说出来。因而，看似简单无奇的语言表达，实际上是一个先内化再外化的过程，而思维混乱地表达和理性地表达，两者产生的效果是截然不同的。孩子的成长不仅仅局限于身体，家长还要注意对孩子心灵和智慧的培养让他们形成条分缕析的思维，这样才能让他们的语言表达水到渠成，如同清泉从心底汩汩而出。

很多孩子不善于语言表达，而且经常保持沉默，不管是在课堂上，还是在日常生活中，他们都不愿意主动说话。每当有人与他们搭讪时，他们也会因为紧张而语无伦次。不得不说，这样的人在人际交往中也非常被动，只能充当倾听者的角色，也时常因为缺乏回应而在交流中陷入被动的局面。原本应该与同学、家人无忧无虑地进行交流的他们，因为思维的局限，语言表达也陷入困境。这种情况很严重，并不像大多数父母所说的孩子只是性格有点内向那么简单，要知道现代社会的信息化、社会化，人与人之间只有彼此传递信息，才能做到信息共通。没有超强的语言表达能力，就相当于失去了与他人沟通的桥梁，既无法了解他人的所思所想和外界的信息，也导致自己成为封闭的孤岛。

现代社会，成人要想生存得更好，孩子要想发展得更好，就一定要具备良好的沟通能力。当然，培养孩子的沟通能力绝不是简简单单、轻而易举的事情。每一位家长首先要形成正确的观念，知道沟通能力对于孩子而言至关重要，也要从自身做起，为孩子营造良好的沟通氛围，让孩子的思维更理性，更有条理，这对于提升孩子的语言能力会起到积极的作用。很多家长本身就是沉默寡言的，即使在轻松的家庭环境中，也不愿意主动打开心扉，与家人交流，毋庸置疑，这会给孩子带来消极的影响和作用，也会导致孩子在语言表达方面更加滞后。

人们常说，身教大于言传，这是在告诉每一个父母，唯有积极地提升自我表达能力，给孩子树立榜样，才能给孩子正向的引导，帮助孩子形成理性清晰的思维。很多细心的父母都会发现，孩子在三岁左右，会出现暂时性的结结巴巴行为。这是因为在三岁左右，孩子的思维得到了快速发展，而此时语言表达能力却没有得到相应的提高。当语言表达能力的提升滞后于思维的发展时，孩子的表达跟不上思考的速度，就会出现说起话来结结巴巴的现象。这是大多数孩子在成长过程中都会出现的情况，父母无须紧张，这个情况也恰恰验证了语言是思维的外衣。在这种情况下，父母一定不要催促孩子，而是要有足够的耐心，等待孩子的语言能力不断提升，结巴现象就会消失。

如今，也有很多父母意识到孩子语言表达能力的重要性，所以会给才上幼儿园的孩子报名主持人兴趣班等。殊不知，急于让孩子表达并非一件好事情，在孩子的心理储备没有达到一定水平的情况下，这样的急于求成反而会给孩子巨大的心理压力。曾经，有个孩子直到两岁也不会说话，然而过了两岁的某一天，突然间就会开口说话，甚至能连字成句了。这充分说明孩子此前不说话不是因为不会说话，而是因为他正处于不断积累的过程中。所谓量变引起质变，对于孩子而言，积累的过程就是成长的过程，是至关重要的。

父母们，马上行动起来吧，多多用心培养孩子，给予他们的成长以更丰富的体验和更耐心细致的引导，你会发现孩子终究会带给你惊喜，让你感到喜出望外。一分付出，一分收获，父母唯有更加用心细致地在孩子的内心耕耘，才能收获一个健谈的孩子。

你是否在为提升孩子的口才能力而着急

孩子表达能力差有很多表现，最为直观的表现就是说话语无伦次，不敢表达，甚至就连简简单单的一件事情都说不清楚。有些性急的父母，当看到孩子费了半天劲都无法准确表达自己的思想时，难免会感到着急，也忍不住对着孩子吼叫。尤其是新一代的年轻父母，更加意识到表达的重要性，也非常着重培养孩子的表达能力。他们本身都是受到过高等教育的，接受新生事物的速度也很快，所以非常认可很多专家和育儿书籍的主张，并且具有执行力，喜欢把认可的东西当即提上日程，给予自己和他人极强大的推动力。在这样的强势引导和推动下，提升表达力成为家庭教育的重要任务之一。不过在年轻父母的推动下，孩子也面临着窘境，那就是他们思维发展的速度跟不上父母对他们语言表达能力的要求，如此一来，很多孩子都会感到迷惘，甚至不知道如何是好，自然也会因为紧张而出现各种语言障碍的状况，比如暂时性的结巴，甚至说起话来颠三倒四。

父母应该注意，孩子语言表达能力的培养是一个循序渐进的过程。语言只是表象，要想真正有效地提升孩子这方面的能力，最重要的是培养孩子的思维能力，这才是更加贴近本质的。否则，一味地要求孩子善于表达，却不注重提升孩子的思维能力，孩子也会因此而迷惘，完全不知道怎么办。

孩子的语言表达能力差，不能只看到表面的原因，更要看到内在的深层次原因。首先，父母要培养孩子的思维，让孩子的思维更具有条理性，这样孩子说起话来才能条理清晰。其次，大多数孩子之所以不敢表达，是因为缺乏自信，过于自卑。越是害怕自己说出来的话被他人否定，越不愿意表达，所以对于不爱表达的孩子，父母最重要的是给予孩子积极的引导，多多肯定和赞扬孩子。否则，一味地否定和批评孩子，只会让孩子越来越缺乏自信，也会让孩子失去锻炼的机会。最后，父母还应该为孩子营造良好的交流氛围，引导孩子多多表达自己，这样孩子的语言表达能力才能逐渐提高，也会越来越喜欢与人交流。总之，孩子的语言表达能力差，原因是多方面的。父母一定要在教养孩子的过程中多用心，只有给予孩子更积极的引导，才能帮助孩子有效提升自我表达能力。

要想提升孩子的语言表达能力，父母还要注意以下几点。

首先，要给孩子提供丰富多彩的生活，诸如丰富孩子的人生经验，带着孩子四处走走看看，孩子视野开阔了，自然就有更多想要表达的内容。

其次，父母还可以经常为孩子讲故事，并且让孩子听完之后进行复述，再次把故事以自己的语言表达出来。这个过程看起来非常简单，实际上却是让孩子接受—内化—表达的过程。对于孩子而言，这个过程是非常重要的，也是他们锻炼和提升语言表达能力的最好机会。

最后，正如前文所说的，孩子在三岁左右思维能力发展很快，语言表达能力比起思维能力的发展相对滞后，因而孩子未免会出现说话结巴的现象。每当看到孩子表达慢慢吞吞、不够流畅时，父母切勿催促孩子，更不要打断孩子的话，或者因为心急而代替孩子表达，否则就会打断孩子的思维，最终导致孩子在表达方面面临更大的障碍。

只有做到以上几点，父母才能保证不给孩子的表达造成困扰。此外还需要注意的是，很多父母因为爱面子，当孩子无法在他人面前表现出善于表达的优势时，往往会心急，当着他人的面说孩子不会说话、非常笨等。这样一来，无形中就会给孩子贴上标签，甚至让孩子放弃提升语言表达能力的欲望，而自认为就是不会说话。不仅在语言表达方面，在任何其他方面，父母都不要给孩子贴标签，毕竟孩子还小，他们最信任的人就是父母。此时孩子还没有形成明确的自我感知和评价能力，所以他们对于自己的最初评价，往往是从父母那里得到的。由此不难发现，父母的每一句评价，不管是无心的还是有意的，都会对孩子产生重要的影响。所以父母一定要更加理性谨慎地对待孩子，为孩子的成长提供助力，也为孩子的成长保驾护航。

　　心理学家经过研究证实，儿童时期是孩子成长的关键时期，也是孩子发展语言能力的关键时期。抓住儿童时期，培养和提升孩子的语言表达能力，对孩子的一生都会起到积极的作用。孩子不仅在生活中需要良好的语言表达能力与人交流，等到长大之后真正走入社会，融入职场，面对复杂的人际关系，更需要良好的语言表达能力，这样才能在人际交往中如鱼得水、游刃有余。所以，良好的语言表达能力对于生活和事业的顺利推进都是有重要作用的。

　　父母们要知道，表达能力并非与生俱来的，而是随着成长不断提升的。父母需要关注孩子的语言表达能力，但不要因为孩子语言表达能力弱就特别着急。只有给予孩子的成长以用心和耐心的陪伴，孩子的语言表达能力才能随着思维的提升不断进步，孩子也会因此获得更好的发展。

孩子说话总是很小声怎么办

　　因为缺乏自信，很多孩子说起话来就像蚊子"哼哼"，使别人无法听得清楚。从心理学的角度而言，当孩子说话声音极其微弱时，他们实际上是在为自己打马虎眼，借此希望别人能够忽略自己的语言表达或是错误，这都属于刻意逃避的范畴。因此要想改变孩子说话声小的问题，最重要的在于激发起孩子的自信心，也让孩子更加坚强、理性，勇敢地承担属于自己的责任。这样一来，孩子才不会刻意逃避现实。那些不惧怕责任也充满自信的人，哪怕明知道自己错了，也会勇敢承认，而不会通过降低说话声音来企图掩盖自己的错误蒙混过关。

当发现孩子说话声音很小，哪怕没犯错误也像蚊子哼哼一样时，父母就要警惕了，一定要努力培养孩子的自信心，让孩子能够大胆地表达心声，把自己想说的话都说出来。对于年幼的孩子，父母从孩子学会表达之初就要有意识地认可和鼓励孩子，让孩子勇敢说出自己的心声，表达自己的感情、观点和愿望。这有助于帮助孩子克服最初表达时的恐惧，也让孩子的社会行为表现更好。很多父母都觉得孩子无非是因为害羞才不愿意说话，或者因为胆怯而不敢大声说话，其实孩子如果始终不能鼓起勇气表达自己，他们的发展和进步都会受到阻碍和限制。孩子逃避说话就像逃避考试一样，心理上是因为不愿意表现出自己的短处，刻意以小声逃避。但这样一来，他们无法发现自己的不足，也无法把短处暴露出来给别人评价，也就无法进步。人，总是要经得起检验才能不断进步，对于孩子而言也同样如此。

期末考试结束后，小莫痛痛快快地玩了几天，每次爸爸妈妈问起他考得如何，他总是回答不知道。然而，领取素质报告书并且知道成绩之后，小莫的态度变得截然不同。领完素质报告书回到家里，小莫还没来得及取下背上的书包，妈妈就迫不及待地问道："小莫，考试成绩如何？"小莫以极其微弱的声音回答："妈妈，这次考得不太好。"妈妈正忙着在厨房做饭呢，没有听清楚小莫的回答，继续问道："语文、数学、英语的成绩报上来。"小莫以更低的声音说："语文82，数学78，英语69。"其实，看到小莫的样子，妈妈就知道小莫的考试成绩一定不理想，为此当看到小莫故意把声音压得那么低，妈妈不由得生起气来："大点儿声音，没看到我正在做饭吗？你这么小声回答，我怎么可能听得清楚？"小莫还是以微弱的声音回答了一遍，甚至不敢看妈妈的眼睛。

妈妈很生气，关掉燃气灶上的火，走到小莫面前伸出手："试卷拿过来！"小莫说："妈妈，我试卷忘记带了，在学校呢！"妈妈很恼火，当即吼道："你故意那么小声说话不告诉我成绩，现在又说试卷在学校。好吧，咱们也不要吃午饭了，现在就去学校，趁着学校还没锁门，赶紧把试卷拿回来。"小莫这下子不知道该如何回答妈妈了，只好假装在书包里找来找去："也许就在书包里呢，我找找。"妈妈气得不知道该说什么好，不知道自己为何生了这么个不敢承担责任的孩子。没过一会儿，试卷找到了，看着试卷上刺眼的分数，妈妈知道小莫为何小声说话，逃避责任了。

在这个事例中，小莫之所以小声说话，完全是因为心虚。他知道自己考试成绩不好，怕受到妈妈的批评，所以就采取消极的态度，故意压低声音，说话就像蚊子哼哼，想要蒙混过关。殊不知，妈妈一看小莫的态度，就知道小莫肯定没考好，对小莫紧追不放，就是为了让小莫说出真相。其实，更让妈妈生气的不是小莫的成绩，而是小莫对于责任的逃避态度。现实生活中，每个人都要承担起属于自己的责任，孩子小时候尚有父母的庇护，等到长大成人，必然要独自面对生活和工作，又如何能够养成逃避责任的坏习惯呢！所以妈妈是想让小莫养成独立自主、勇担责任的好品性。当小莫真正能勇于承担责任时，自然不会再为了逃避责任而故意压低说话的声音了。

引导孩子大声说话，对于提升孩子的语言表达能力卓有成效。大声说话，孩子才能暴露自己在语言表达方面的不足，也才能取得真正的进步。民间有句俗话，叫作茶壶里煮饺子——倒不出来。很多有真才实学的学者，原本学识渊博，就是语言表达能力太差，所以导致人生的发展也受到限制。那么，如何才能提升孩子的语言表达能力，让孩子拥有自信和底气，也勇敢地承担责任，养成大声说话的好习惯呢？首先，当孩子小声说话的时候，父母可以假装没听到或者没听清楚，而不给予孩子任何回应。这样一来，交流的需求就会逼迫孩子大声说话，至少要保证说话的音量能够达到父母听清楚的程度。其次，为了让孩子大声说话，父母还要及时鼓励和表扬孩子。当然，孩子毕竟年龄还小，对于他们的任何训练都应该本着循序渐进的原则进行。一开始，不要强求孩子的说话声音足够大，只要看到孩子比之前有所进步，就应该马上表示认可和鼓励，这样孩子才会受到激励，也才会主动坚持大声说话。此外，也不要一上来就要求孩子必须在陌生的场合当着陌生人的面大声说话，而是允许孩子先在家里熟悉的环境中，当着熟悉的人，学会大声说话。等到孩子养成大声说话的好习惯，即使环境改变了，他们说话也不至于像蚊子哼哼。最后，父母还可以借助于游戏的方式给孩子营造轻松愉悦的表达环境，让孩子在放松的情境中忘记紧张和焦虑，从而水到渠成大声说话。否则，如果孩子总是一味地沉浸在紧张的状态之中无法自拔，那么自然无法提高音量。总而言之，大声说话对于孩子是至关重要的，父母要有足够的耐心，才能有效地培养孩子大声说话的能力，也才能让孩子成为勇敢自信的人。

怎样让孩子勇敢说出真实想法

孩子的语言表达能力差，还表现为他们不敢表达自己的真实想法。很多孩子在私底下说起话来头头是道，但是一旦遇到正式的场合，他们往往会由于各种原因闭口不言，甚至被问到有何真实想法时，也会保持沉默。那么，孩子为何不敢表达自己的真实想法呢？

首先，孩子会感到恐惧，他们担心自己的真实想法会惹怒他人，或是不被他人接受，所以不敢直截了当地表达出来，而在说话的时候吞吞吐吐。其次，随着不断成长，孩子与更多的人交往，也难免会遇到与他人意见相悖或者产生利益冲突的情况。如果孩子胆小怯懦，不能主动维护自己的权益，他们就会隐藏自己的真实想法，委屈自己。最后，还有些孩子不敢表达自己的真实想法，完全是性格导致的。有的孩子生性乐观开朗，所以对于自己的心声总是能够恰当地表达出来。有些孩子生性沉闷内向，也往往非常自卑，因而不敢表达自己的心声。还有些孩子从小就不敢表达自己的想法，是因为他们不管怎么说，父母都会对他们进行否定和打击，父母的强势使他们渐渐失去主见，有任何想法都习惯于埋藏在心里，根本不敢表述出来。除此之外，还有一些孩子不敢表达内心的根本原因与此恰恰相反，他们从小到大总是被父母认可和赞赏，所以才不敢表达，因为生怕自己的表达不对，不能得到父母的赞许。总而言之，一个孩子总是被批评或者总是被赞扬，都是不好的。唯有让孩子拥有健康的心理，才能提升他们各个方面的能力。

周末，妈妈和爸爸带着小莫去郊区的农家乐玩耍。小莫玩得很开心，还吃了农家饭，吃得不亦乐乎。然而，准备离开农家乐的时候，小莫很想买一只小鸡带回家里，但是却不敢直接表达，因而拐弯抹角地对妈妈说："妈妈，这个小鸡真可爱啊，你觉得呢？"妈妈点点头，说："是的，就像一个毛茸茸的小毛绒球一样。"小莫在小鸡的笼子前看来看去，流连忘返。其实妈妈知道小莫想要一只小鸡，但是因为小莫总是这样不敢表达自己，所以妈妈想引导小莫说出自己的真实想法，因此始终没有主动提出为小莫买小鸡。

眼看着就要离开了，小莫急得哭起来，最终无奈地说："妈妈，你就不能给我买只小鸡吗？"妈妈装作很无辜的样子说："你没有告诉我你喜欢小鸡，想要小鸡啊？"小莫委屈万分："以前我说想养小动物，你和爸爸从来不同意，我怕你们生气。"听到小莫这句话，妈妈突然有些心疼："小莫，以前妈妈是担心你还太小，不能照顾小动物，而且咱们的家也很小，养不下小动物。现在咱们换了更大的房子，你也长大了，爸爸妈妈会酌情同意你养小动物的请求的。你要勇敢表达自己的想法，好吗？只要你勇敢表达，爸爸妈妈会尽量满足你的请求的。"小莫有些不敢相信地看着妈妈，也许他曾经被妈妈拒绝了太多次，所以现在都不敢相信妈妈会答应他的请求了。

小莫显然是因为经常被妈妈拒绝，所以失去信心了。父母如果经常否定和拒绝孩子，就会让孩子越来越自卑，完全失去自信，再也不敢对父母提出自己的想法和请求。不得不说，这样的孩子会生活得很苦恼。对于孩子不合理的请求，父母尽管要拒绝，也要采取合适的方式，而不要总是对孩子非常生硬粗暴，导致孩子信心全无，也不敢继续表达真实想法，提出自己的请求。

每一个父母都要端正心态，要意识到孩子尽管是因为父母来到这个世界上，在小时候也处处需要父母的照顾才能生存下去，但孩子并非父母的附属品，父母也不要总觉得孩子凡事都要依赖自己而对孩子颐指气使。每个孩子都是独立的生命个体，都需要不断地成长和进步，才能主宰自己的人生。父母一定要多多鼓励孩子，帮助孩子树立自信，形成独立自主的性格，才能让孩子的人生更美好。为了培养孩子表达真实想法的勇气，父母可以和孩子进行实话实说的游戏，渐渐地，孩子就会更加勇敢，也会乐于表达自己的真实想法。对于孩子的请求，父母也不要一味地否定和拒绝，而是要仔细斟酌。唯有如此，父母对孩子的教育才能拿捏好分寸，也才能让孩子积极表达，乐于表达，敢于表达。

你的孩子一说话就结巴吗

很多孩子平日里说话很流畅，也能够很好地组织语言表达自己，但是一到紧张或者着急的时候，马上就结结巴巴，话不成句，不但听的人着急，孩子自己也很着急，有时也会因此而陷入恶性循环之中，导致说话结巴的情况更加严重。大多数孩子说话结巴，都是心情紧张导致的。前文说过，三四岁的孩子说话结巴，往往是说话的速度跟不上思维运转的速度，所以无法顺畅地表达自己的思想。在这种情况下，父母应该给予孩子足够的耐心，听孩子讲话，也不要过分催促孩子。否则假如父母因为着急催促孩子，孩子就会更紧张，从而思路被打断，导致说话更不连贯。

除此之外，年龄大一些的孩子说话结巴，往往是心情紧张导致的。要想改掉孩子说话结巴的习惯，父母要为孩子创造轻松愉悦的表达环境，也要抓住各种机会锻炼孩子的胆量。很多孩子一旦来到陌生人面前，他们甚至会想把自己藏起来，只为了避免说话。对于这样的孩子，更要给他们提供各种各样的机会锻炼语言表达能力，这样才能渐渐打开他们的心扉，让他们从恐惧表达到乐于表达，也从结结巴巴地表达到积极主动地表达。长此以往，孩子们会爱上表达，也会擅长表达。

一天，在外地工作的爸爸妈妈趁着暑假，把小北接到身边来。小北很高兴能与爸爸妈妈相处一个多月，但是到了爸爸妈妈所在的工厂，他却觉得浑身不自在。原来，爸爸妈妈已经在这家工厂工作七八年了，所以很多要好的同事听说小北来了，或者请客吃饭，或者带着礼物来看望小北。但是每次一见到陌生的叔叔阿姨，小北都情不自禁地要躲到爸爸妈妈身后，表现出从未见过世面的样子。有的同事故意逗着小北说话，问小北："小北，你喜欢和爸爸妈妈在一起吗？"平日在老家，小北每次给爸爸妈妈打电话都说很多想爸爸妈妈之类的话，如今却结结巴巴地说："我……我……想……"一句话没说完，脸就红了。

转眼之间，一个多月过去了，小北要回老家找爷爷奶奶了。一个相处比较好的同事对小北的爸爸说："老李，你要是有条件，还是把孩子带在身边吧，让孩子见见世面，性格也能更开朗一些。不然，这样见到谁都躲起来，以后怎么走出家门呢？"爸爸觉得同事说得很有道理，也未免有些担心小北。然而，他们的条件不允许把小北带在身边，为此爸爸只好忍痛把小北送走。小北走后，爸爸始终记得同事的话，一年之后，爸爸终于把小北接到身边。和爸爸妈妈在一起生活的小北，见多了世面，言谈举止不知不觉间变得越来越大方了。

很多父母抱怨孩子不够大方，实际上，这是因为父母平日里并没有给孩子很多见世面的机会。尤其是那些一直与爷爷奶奶生活在一起、远离父母的孩子，爷爷奶奶已经老了，无法给予他们最好的教育，只能照顾他们的日常生活，而导致他们闭目塞听，不能做到积极地与人交流。

着急、紧张、恐惧等负面情绪，都会导致孩子在说话的时候变得结巴。为了改善孩子说话结巴的情况，父母不要一味地要求孩子"不要结巴"，否则就会起到相反的作用，甚至无形中导致孩子说话越来越结巴。明智的父母知道，孩子结巴是有深层次的心理原因的，所以会对孩子的结巴给予更多的耐心和等待，并且通过各种机会增强和锻炼孩子的心理素质，从而让孩子能够更加勇敢地面对陌生人，练就良好的心理素质，这样一来，孩子自然不再结巴了。

为了培养孩子的表达能力，帮助孩子消除紧张，父母还可以和孩子进行各种交流的演习。例如父母模仿来家里做客的客人，接受孩子的招待。所谓熟能生巧，当孩子能够非常流畅和熟练地招待客人，那么他们内心的紧张也会大大减弱。总而言之，孩子需要练习语言交流，父母不要凡事都为孩子代劳，更不要在孩子结巴的时候催促孩子。唯有对孩子付出爱与耐心，也给予孩子更多的机会面对陌生人，孩子的紧张和着急现象才会有所好转。为了提升孩子的心理素质，父母还可以有意识地在遇到危急情况时，让孩子做出决定。当父母采纳了孩子的建议处理危急情况，也取得了不错的效果时，孩子渐渐地就会感到自己是可以独当一面的，这对于缓解表达时的紧张和焦虑也是有很大好处的。总而言之，一个健谈的孩子并非是与生俱来就具有超强的语言表达能力，相反，每个孩子在出生的时候起跑线都相差无几，只是后天的培养才让孩子们表现出明显的差异。父母一定要给予孩子良好的教育，也帮助孩子勇敢、大方地表达。

第03章 提高社交能力，在不同场合说不同的话

说话要合时宜才能起到积极作用

一个人说话的时候如果不区分时间场合，总是自顾自说个没完没了，则很难用话语打动他人，更无法用语言为自己加分。由此可见，并非所有的话说出口，都能起到积极的作用，如果说话不合时宜，还会招致他人的厌恶和反感，导致事与愿违。

在无数次交流的过程中，人们都得到同一个经验，那就是即使在相同的社会环境中，抱着相同的表达初衷，如果不能因时因地制宜，采取恰到好处的语言表达形式，就无法准确地表达自己。所以真正善于交际的人，不但很善于运用语言表达自己的所思所想，实现预期的交流目的，也很善于区分不同的时间场合，根据不同的交际对象，调整表达的策略，从而让表达事半功倍。

一个人如果说话做事都不区分时间场合，总是随心所欲，

想说什么就说什么，说话不经过大脑，那么他一定是不会说话和不会表达的。每个人都是社会中的一分子，都不可能完全独立生存于世，那么就要学会适应这个社会，想方设法融入人群。所谓因时因地制宜，不仅仅指的是区分不同的时间和场合，既然包括场合，那么也就包括场合里的人。唯有区分不同的情境，采取不同的方式说话，交谈才能如愿以偿，起到事半功倍的效果。否则，交谈时就会在无形中得罪他人，也导致事情朝着违背初衷的方向发展。所以父母要想帮助孩子提升语言表达能力，就一定要教会孩子根据场合说话，让沟通起到预期的效果。

当然，孩子因为比较小，所以未必能够马上学会区分时间和场合。为了让孩子有更好的自我判断能力，父母要先帮助孩子确定在不同的场合中，应该扮演什么样的角色。每个人都是有社会角色的，而要在不同的时间场合，社会角色还会随之发生改变。例如，一个成年男人在父亲面前是儿子，在儿子面前是父亲，可以说父亲和儿子是两种完全不同的社会角色；再如，一个职场女性，在下属面前是不苟言笑的上司，在上司面前又要是懂得分寸的下属，所以一定要及时根据场合转化社会角色。毋庸置疑，不同的角色要采取不同的说话方式和沟通技巧。让孩子认识自己的不同角色，对于孩子准确自我定位和采取适宜的说话策略，是很有好处的。

　　此外，父母还要教会孩子在几种类型场合中的说话方式与原则。例如，孩子在正式场合说话应该有所准备，不要由着性子胡扯一通。但是在非正式场合，孩子则可以相对轻松随意，这样更有利于加深人与人之间的感情。当看到别人着急的时候，就要缩短说话的时间，而当看到别人谈兴正浓的时候，则可以海阔天空地畅聊，也不至于引起别人的反感。总而言之，在生活和工作中总会有不同的感觉，父母一定要教会孩子区分，才能给予孩子更好的发展和未来。

　　为了切实有效地帮助孩子区分场合，父母可以以游戏的方式预先设定一些情境，从而帮助孩子进行交流的预演。当孩子熟悉更多的场合，也能够相对准确地定义自己的角色时，他们在语言表达方面一定会有突飞猛进的发展。需要注意的是，有些孩子在别人说话的时候喜欢插嘴，这是一个很不好的习惯，会给人留下恶劣的印象。父母一定要教会孩子学会倾听，这既是尊重他人的表现，也能够从他人那里得到更多有效的信息，有助于交流的顺利进行。对于语言表达的很多恶习，父母可以以讲故事的方式给孩子"打预防针"，让孩子主动避开语言表达的陷阱和误区，从而与他人顺利交往，成为处处受人欢迎的社交达人。

察言观色，才能把话说进人心

在与人接触时，一个孩子如果不会察言观色，就会变得非常迟钝，缺乏敏锐的感知能力。之所以需要察言观色，是因为每个人的面部表情和外在表现，会透露出他们内心的活动状态。所以会察言观色的孩子，能够及时发现别人对于他们所说的话作何反应，从而第一时间调整说话的内容和策略，也把话说得恰到好处。恰恰相反，如果没有察言观色的能力，孩子们就无法洞察他人的内心，说起话来只顾着自己说自己的，就会导致与他人的沟通陷入困境。

众所周知，语言是人际沟通的桥梁，如果没有语言作为桥梁，沟通也就无法顺利进行下去。而语言的力量有的时候也是很单薄的，因为很多情况下仅仅根据语言，我们无法完全理解他人的内心，也无法领悟他人的真实意图。每当这时，我们就应该观察他人的面部表情和肢体语言，从而做出综合的判断，最终推测出来对方到底在想什么，想要表达什么意思。从心理学的角度而言，一个人也许可以组织语言对自己的内心进行伪装，但是他的面部表情和肢体语言，往往是无意间呈现出来的，因而更能够反映出他的真实思想。所以在人际沟通中，孩子如果学会察言观色，捕捉到他人细微的表情变化和肢体反应，也许能够更加贴近他人的内心，从而成功地走入他人的内心。

看到这里，相信很多父母都会感到为难：孩子那么小，又缺乏人生经验和社会阅历，如何能够成功地洞察他人的内心呢？实际上，孩子具有很大的可塑性，而且也很善于模仿。换个角度来想，既然很难以语言向孩子表达清楚如何察言观色，不如引导孩子模仿各种表情和神色，这样一来，孩子熟悉了各种心态下的表情，当看到类似的表情时，一定能洞察对方的内心。所谓反其道而行，有的时候反而会起到意想不到的效果。不论采取哪种方式，只要能引导孩子了解他人的情绪和情感，对于提升孩子的语言表达能力就是很有好处的。

一个周末，妈妈原本准备带着小可去海底世界游玩。然而，到了即将出发的时候，妈妈突然觉得腹痛难忍，额头上渗出了细密的汗珠，因而告诉小可要晚一点出发。妈妈胃疼是老毛病了，不管是吃坏了东西还是受到寒气，都会感到胃痛。为此，在观察了两个小时，觉得胃部依然疼痛之后，妈妈决定临时取消海底世界之旅，等到下个周末再去。

得到妈妈要取消活动的通知，原本就因为等待妈妈心急如焚的小可当即大哭起来，一边哭一边喊道："妈妈，你是个大骗子，你说话不算数！"尽管妈妈再三解释自己的胃疼还没有好，怕到了海底世界继续疼就麻烦了，小可就是不愿意听，依然不依不饶。小可甚至还打电话给在外地出差的爸爸："爸爸，妈妈说好带我去海底世界，又不去了。"问清楚缘由，爸爸劝说小可："小可，爸爸不在家，妈妈生病了，你应该照顾妈妈，乖乖的好不好？爸爸一回家就带你去海底世界，行吗？"小可却依旧气愤不已，不愿意接受爸爸的安抚。妈妈胃疼难忍，感到很伤心：养孩子干什么，都十岁的人了还不懂事，看到妈妈都快疼死了也不担心！

是啊，孩子为何会这么不懂事呢？实际上，并非孩子生来就不懂事，而是因为孩子在成长的过程中始终得到爸爸妈妈无微不至的照顾和无条件的满足。渐渐地，他们就产生了错误的观念，误以为爸爸妈妈理所应当对他们言听计从，而且爸爸妈妈就像神仙一样，根本没有忧愁焦虑。这一切，都是因为爸爸妈妈一直以来对孩子照顾得太周到了，而没有教育孩子设身处地地为他人着想，更没有帮助孩子养成察言观色的能力。

现实生活中，察言观色是一种非常重要的能力，懂得察言观色的孩子，对于人生会有更多的理解和感悟，也能够及时体察到他人的情绪，从而为人际沟通奠定良好的基础。当然，父母首先要为孩子树立榜样，以实际行动教会孩子如何察言观色，如何为他人着想，如何体谅他人。其次，父母还应该教会孩子不同的面部表情和肢体语言代表的意思，这样一来，孩子才能准确洞察他人的内心，也才能渐渐变得善解人意。就像事例中的小可一样，如果他从来不需要察言观色，也无须考虑父母的状态，那么等到有朝一日走上社会，他又如何能够成功地洞察他人的内心，给予他人更多的理解和帮助呢！一个总是活在自己世界中的人，很难受到他人的欢迎，也无法真正处理好人际关系，更别提在人际关系中游刃有余、如鱼得水了。

除此之外，父母还应该教会孩子懂得一些人情世故。很多孩子对于人情世故不够了解，因而当遇到问题时都不知道应该如何处理和解决。假如父母提前告诉孩子一些关于人情世故的知识和常识，相信例子中的小可就会知道父母也是人，也会有生病或者不舒服的时候，此时他也应该像父母对待病中的他一样，对父母嘘寒问暖，竭尽所能地照顾父母。

人与人之间总是需要相处的，哪怕亲密如同家人，也不能一味地从对方那里索取，而是要学会付出。有的时候，子女对于父母即使没有实质性的帮助，而只是给予父母言语上的温暖，都会让父母非常感动。

学会换位思考，说话才能打动他人

什么叫作换位思考呢？顾名思义，就是把自己放在他人的位置上，站在他人的角度上进行思考。每个人即使再怎么设身处地，也无法完全站在他人的立场上，理解他人的所作所为。即便如此，在语言沟通的过程中，为了把话说到他人的心里去，我们还是要学会换位思考，从而更加理解和体谅他人，也把话说得入耳贴心，从而成功打动他人，进而赢得他人的心。

换位思考并非真的与对方交换位置，但是双方有很多感情都是共同的，因而父母应该引导孩子体验更多的感情，这样才更容易与他人产生共鸣。在与人交流的过程中，孩子难免会与人产生分歧，所以此时，就更需要换位思考，让交往顺利进行。

父母一定要告诉孩子，做人做事不要任性，尤其是说话时，也许很多话不假思索地说出来会感到非常痛快，但是却会如同一根刺一样深深地扎在他人的心里。然而，说出去的话如同泼出去的水，是根本收不回来的。所以父母一定要教会孩子在说话前认真思考，该说的说，不该说的不能口无遮拦。众所周知，相互尊重是人际交往的基础和前提条件，每个人都必须尊重他人，才能赢得他人的尊重，这样人际交往才会顺利推进。要想让孩子成为受人欢迎的人，父母就要引导孩子换位思考，最大限度地理解和体谅他人。

一个孩子从来不懂得换位思考，而只站在自己的角度上考虑问题，就容易说话伤人。当然，孩子的人生经验和社会阅历毕竟有限，对于人生的感悟和体验也不那么丰富。在这种情况下，父母更要耐心引导孩子，让孩子认识到唯我独尊的后果，这样孩子才能主动体谅他人，也使自己有所收敛。现代社会，大多数家庭都只有一个孩子，孩子不但是父母的掌中宝，也是家里的掌上明珠。为此，很多孩子都得到了溺爱，渐渐形成了"自己就是宇宙中心"的错误思想。在日常教育孩子的过程中，明智的父母宠爱孩子会适度而不会把所有好吃的、好玩的都留给孩子，更不会对孩子的任何错误都采取纵容的态度。唯有如此，孩子才不会渐渐习惯特权，也才能拥有感恩之心，对他人抱有更多的感激。

要想帮助孩子学会换位思考，就要经常问孩子"如果你是……你会怎么做？"最初这么说的时候，孩子也许意识不到父母的用意。渐渐地，随着不断成长，孩子就会更加理解和体贴他人，自然也就能够设身处地地为他人着想，也让自己说出的话为他人所接受。常言道，会说的人说得人笑，不会说的人说得人跳。当孩子掌握了人际相处中换位思考的原则，就能把每句话都说到他人的心坎上，打动他人的心，也真正得到他人的认可和赞许。

总而言之，对于孩子而言，学会换位思考是很重要的。如果孩子不会换位思考，就会在不知不觉中说出激怒他人或者不合时宜的话来，也导致人际关系变得恶劣。要想建立良好的人际关系，要想让人际沟通顺利进行下去，孩子就要认识到换位思考的重要性，积极主动地换位思考。当然，有些孩子不懂得如何站在他人的角度思考问题，在这种情况下，最好的方式就是父母与孩子进行角色互换。父母可以挑选一个周末，让孩子当爸爸或者妈妈，让爸爸或者妈妈当孩子，这样一来孩子就能切身感受到爸爸妈妈每日的辛苦，也会对爸爸妈妈更加感恩。可以说，角色互换是学习换位思考的好方式，能够帮助孩子理解他人的辛苦和感受。然而，开展角色互换并没有那么简单，不但需要大量的时间，也需要进行各种现实生活中的活动，才能让孩子真正体会到他人的艰辛和感受。相比较而言，在没有大量时间和适宜条件时，对孩子提问是很好的选择，既方便快捷，又能丰富孩子的人生体验，让孩子变得更加敏感细腻，懂得理解和体谅他人。

管好嘴巴，避免祸从口出

语言是人际沟通的桥梁，所谓良言一句三冬暖，恶语伤人六月寒，由此可见，在人际沟通的过程中，有些话是可以说的，而有些话是不能说的。常言又道，一句话说得人笑，一句话也能说得人跳，这更说明了在人际交往中语言的重要作用。偏偏语言还有一个特性，那就是说出去的话如同泼出去的水，收不回来。有的时候，如果不小心说了不该说的，不但无法收回，还会伤害他人的心，导致原本良好的人际关系陷入困境。所以一定要牢记祸从口出的道理，才能最大限度地管好自己的嘴巴，也避免在人际交往中造成很多不必要的矛盾。

从修养的角度而言，谨言慎语是一个人良好的素养。一个品质高尚的人，一定能够全面地考虑问题，而不会因为一时冲动，就把该说的和不该说的全部都说出来。有些人自以为幽默，常常说些低俗的玩笑话惹人发笑，殊不知低俗的玩笑完全不是幽默，真正的幽默是智慧的火花在闪烁，这才是受人欢迎的。此外，一个有修养的人还会约束自己的言行举止，不会一时冲动，就因为一些小事情与他人之间发生纷争。很多时候，不同的方式往往会导致事情有截然不同的结果，一个言语宽和的人，能水到渠成地化解与他人之间的矛盾和纠纷，让人际关系朝着好的方向发展。

很多孩子因为小，往往会口无遮拦，对于什么该说什么不该说，并没有明确的界定。尤其是在激动的时候，他们更容易说出不该说的话，在无形中得罪他人。为了避免孩子说错话，父母有几点原则应该告诉孩子。首先，教会孩子必须本着实事求是的原则说话，不要故意夸大其词或者捏造事实。其次，告诉孩子任何时候都不能撒谎，尤其是不能恶意欺骗他人，否则就会彻底失去他人的信任，给自己也造成莫大的损失。最后，还要教会孩子信守承诺，不要让孩子随意地暴露他人的小秘密或者说起他人的隐私，否则就会导致他人恼羞成怒。总而言之，人际相处要建立在相互尊重的基础之上，每个孩子都要首先尊重他人，才能赢得他人的尊重，同时也要学会保守与他人共同的小秘密，不要以泄露他人的隐私或者秘密要挟他人，否则就会失去一个朋友。总而言之，人际交往是非常微妙的，在人际交往的过程中，父母要教会孩子谨言慎行，该说的说，不该说的不说，才能避免孩子祸从口出，也才能避免孩子因为口无遮拦而在人际关系中四面楚歌。

学会使用商量的语气与人交流

很多父母打着爱孩子的旗号，说着爱孩子的话，实际上脸上却满是冷漠和不耐烦，而且语气也非常生硬，不得不说，这样形式与内容严重不符，根本不可能给予孩子温暖和爱。细心的父母会发现，几个月的孩子就似乎能听懂父母的话，对父母做出积极的回应。实际上，这并非因为他们真正理解了父母所说的含义，而是因为他们通过观察父母的面部表情和肢体语言，感受到了父母的爱。由此可以看出，虽然说话的内容很重要，但是表达时的语气腔调，包括面部表情和肢体语言等，都会对表达有重要的影响。

　　既然如此，父母要想提升孩子的语言表达能力，就不仅要教会孩子表达的方式，也不仅是一味地强调说话的内容，还要引导孩子以合适的语气去表达。要建议，而不要命令，要商量，而不要强制。否则不合适的表达语气，哪怕内容是积极的、正向的，也会给交流对象造成极大的困扰。孩子如果能学会使用商量的语气与他人交流，不但更容易让人接受，而且能给人留下好印象。因为说话的内容都是一样的，只是改变语气，从命令变成商量，以最小的投入换取最大的收获，这当然是很明智的。因而父母要引导孩子学会以商量的口吻与人交流，这样不仅能够教会孩子尊重他人和宽容他人，也能够让孩子给他人留下好印象，让孩子体会到与人相处的快乐。

　　没有人愿意被他人命令，不管孩子的交流对象是同龄人还是成年人，商量的口吻都比生硬的命令更好。遗憾的是，现代社会中有很多孩子都喜欢对他人颐指气使，这是因为作为独生子女的他们已经习惯了所有人都围绕着他们转，也习惯了对身边的人发号施令。要想避免孩子陷入这样的人际交往误区，父母一定要多多引导孩子，教会孩子尊重和宽容他人。尤其是很多父母平日里就习惯了对孩子颐指气使，导致孩子无形中也养成了用命令的口吻说话，可这并不利于人际交流。因而要想帮助孩子养成以商量的语气说话的好习惯，父母在日常生活中和孩子交流时就要多多注意。此外，当遇到关于孩子的事情需要定夺时，父母一定不要包办。孩子是独立的生命个体，有自己的喜好与偏向，越是随着年纪增长，孩子对于自主性的要求就越高。因此，父母一定要尊重孩子的选择，这样才能充分发挥孩子的主观能动性，让孩子学会自己解决问题。那么在与他人相处和交流的时候，孩子也会同样尊重他人，平等对待他人。由此可见，只有在和谐的家庭氛围中成长的孩子，才更懂得与人交流时尊重和平等对待他人，也懂得给予他人足够的空间去做出选择。

不过，很多父母都会先入为主，站在成人的角度思考问题，情不自禁地就要对孩子的所作所为指手画脚，甚至对孩子提出苛刻的要求。要想避免进入这样的误区，父母就要站在孩子的角度思考问题，尤其要怀着一颗赤子之心对待孩子，理解和尊重孩子，这样才能帮助孩子也养成同样的友善待人的好习惯，从而让孩子与他人的交往更和谐友好。

如果孩子在与人交流时已经养成生硬冷漠的坏习惯，父母还可以让孩子体会被生硬拒绝的感受，从而帮助孩子体会他人被自己生硬拒绝时的感受。所谓己所不欲，勿施于人，当孩子理解了被生硬拒绝的感受，自然就不会再生硬地拒绝他人，而是会有意识地改变自己，调整好自己的心态去理解和尊重他人。

学会委婉说"不"的技巧

很多人都不会说"不"，尤其是在成人社会中，各种各样的复杂关系导致很多人都不能坦然拒绝他人，更无法对他人理所当然地说"不"。这到底是为什么呢？实际上，学会拒绝他人，和学会被人拒绝一样重要，否则在这个讲究人情的社会中，很容易让自己陷入被动。

在提升孩子表达能力的同时，父母也要教会孩子说"不"。说"不"，既是一种勇气，也是一种权利，更是人际交往的能力和技巧。如果孩子只会唯唯诺诺，对于他人提出的所有事情都不敢否定，也无法提出异议，那么孩子就会变成胆小的懦夫，也会因为不懂得拒绝而陷入困境。因而父母在提升孩子语言表达能力的同时，一定要告诉孩子在哪些情况下要学会拒绝，勇敢地说"不"。

周末，妈妈带着西西来到小区广场上玩耍。刚刚来到广场上，西西就被几个在一起踢球的孩子吸引了，因而也跃跃欲试，想和那几个孩子一起玩。没想到，那几个孩子不愿意西西加入，为此，他们安排西西给他们捡球。就这样，西西跟着球东奔西跑，很快就汗流浃背。看着西西那么辛苦，疲于追赶皮球，却得不到任何乐趣，妈妈不免有些心疼地说："西西，你还想玩吗？咱们该回家了。"西西马上和小伙伴们告别，跟着妈妈回家。

在回家的路上，妈妈问西西："这么玩，你觉得有意思吗？"西西摇摇头，说："太累了，我都跑不动了。"妈妈又问："那你怎么还玩呢？"西西说："其实我早就不想玩了，但是不好意思说。"听到西西的话，妈妈正色说道："西西，你要学会拒绝别人啊。你一开始的确想加入，但是发现他们只让你负责捡球之后，你如果不想玩，就可以拒绝。"西西说："这样会让人家扫兴吧，毕竟一开始是我提出要玩的，我再拒绝，多不好啊！"妈妈笑了，说："西西，你能体谅他人的感受当然好，不过如果你一味地体谅他人的感受，而完全忽略了自己的感受，那就不好了。只要你拒绝他人的时候懂得礼貌，我想他人是不会对你有意见的。做人不能总是勉为其难，委屈自己，知道吗？"西西似懂非懂地点点头。

在父母的心中，孩子永远是心肝宝贝，需要父母的爱与呵护。但是即使父母再爱孩子，也不可能照顾孩子一辈子，随着时间的流逝，孩子渐渐长大成人，必然要离开父母，独自融入社会。在这种情况下，孩子如果不懂得拒绝，又如何能够尊重自己的内心，保护好自己呢？

大多数父母为了让孩子与他人友好相处，都希望孩子能够学会分享。不可否认，分享是孩子与他人友好相处、融入团队必须做到的，但是分享却不是没有限度的。所谓凡事皆有度，过犹不及，孩子一定要学会拒绝，才能让自己更真实自然。从这个意义上而言，学会拒绝也是孩子成长的必修课。当然，为了让拒绝更容易为他人所接受，父母还要教会孩子拒绝的方式与方法。首先，不管出于何种原因拒绝他人，孩子都要尊重他人，采取适宜的方法。要知道，一个人唯有先尊重他人，才能得到他人的尊重和平等对待，这是颠扑不破的人际相处定律。其次，孩子还要找到拒绝的时机。无论如何，不合时宜地拒绝他人，绝不是好主意。孩子一定要在合适的时机拒绝他人，才能让拒绝显得自然。当然，对于年纪相对较小的孩子而言，父母先不需要教给孩子太多拒绝的方式，而要首先培养孩子拒绝的勇气，让孩子更加理性地面对拒绝即可。总而言之，孩子拒绝能力的养成绝非是一朝一夕的事情，父母要重视对孩子内心的培养，让孩子变得更坚强，孩子才能从容拒绝他人，也才能在人际相处中如鱼得水，游刃有余。

第04章　正确认识自己，自信让孩子的口才更有感染力

正确客观地看待自己的口才能力

一个人过高地评价自己，显然不是好事情，会导致出现自以为是的情况。而与此相反，假如一个人过低地评价自己，同样不是好事情，因为会导致出现自卑、胆怯等情况，让自己的发展受到局限和阻碍。孩子尽管小，却是独立的生命个体，因而同样需要正确认识和客观评价自己。尤其是在学习语言的过程中，过度自信或者自卑，都会给孩子带来严重的负面影响。

过度自信的孩子很容易滔滔不绝，口若悬河，甚至不知不觉间就夸大其词了。而过度自卑则很容易导致事情朝着相反的方向发展，因为自卑，孩子会更加胆怯，也会失去说话的积极性，导致不管说什么话，都吞吞吐吐，犹豫不决。由此一来，孩子的语言表达能力很难得到提高，也会因此而陷入更大的焦虑不安之中。所以父母一定要引导孩子正确评价自身，也要让孩子在理性评价自己的同时，给予自己更大的

空间去发展。

郡郡也许是受到爱说话的妈妈影响，说起话来语速非常快，又因为思维跟不上说话的速度，常常啰里啰唆。但是郡郡并没有意识到自己的这些缺点和不足，反而很乐于表达，总是与他人喋喋不休，没完没了，还喜欢表达自己略显稚嫩的观点。爸爸妈妈看到郡郡的缺点，想要找到一个好办法，既能委婉地指出郡郡的不足，也能卓有成效提升郡郡的语言表达能力。

然而，爸爸妈妈还没来得及想出一个两全其美的办法，郡郡就遭到了打击。一直以来都自认为健谈的郡郡，积极主动报名参加了学校里的演讲比赛，结果却惨遭淘汰。妈妈这才着急起来，把提升郡郡的语言表达能力提上日程。当然，妈妈本身就很爱说话，也不知不觉中影响了郡郡，而爸爸则相对木讷寡言，为此爸爸妈妈一合计，决定把专业的事情交给专业的人去办，他们为郡郡报名参加了小主人培训班，而老师更是为郡郡量身定制了培训计划，首先从帮助郡郡养成有条理的思维和精简的表达风格做起。在老师的引导下，郡郡渐渐意识到自己的问题，也非常积极地改进，最终获得了很大的进步。

现实生活中，有很多孩子的语言表达能力都不够好，更不敢积极主动地张口说话，这都是自卑在作怪，也是自卑限制了他们的发展。相比起这些孩子，还有些孩子就如同事例中的郡郡一样，总是盲目自信，对自己评价过高，根本无法意识到自己的缺点和不足。众所周知，一切进步都要建立在理性认知自我的基础上，孩子也是如此，唯有理性认知自我，才能不断地提升和突破自我。

父母一定要为孩子指出他们在语言表达方面的不足，至少要用心斟酌到底哪种方式更适合孩子，这样一来就能有效保护孩子的自尊心，也以恰当的方式督促和激励孩子进步。否则，如果孩子始终盲目自信，当受到他人毫不留情的否定时，带给他们的心理创伤则更严重。为了提升孩子的语言表达能力，父母可以有针对性地引导孩子组织语言，进行表达。例如，让孩子描述风景或者讲述一件事情发生的经过，在此过程中为孩子指出缺点和不足。此外，为了给孩子树立榜样，父母还要以身作则，才能让孩子有可以效仿的对象，也避免了带给孩子负面的影响。总而言之，父母是孩子的第一任老师，也是孩子最好的陪伴者，父母要多多用心，付出耐心，才能引导孩子健康快乐地成长，给予孩子更大的成长和发展空间。

不要把说话当成是负担

一个不善言辞的人，很容易把说话当成是一种负担，这是因为他们发自内心地不愿意与人交流。而实际上，语言是人际交往的桥梁，尤其口头语言更是大多数人都依赖和使用的沟通方式。这体现的是"嘴巴"有多重要。一个人要想真正爱上说话，就要将说话作为一种享受，发自内心地喜欢说话，而不要把说话当成是沉重的负担。

要想让孩子爱上说话，父母首先要激发孩子表达的欲望。其次父母要带着孩子开阔眼界，让孩子四处多走走多看看，孩子才能更愿意表达，也才会更加积极主动表达。需要注意的是，当孩子表达不流畅或者出现结巴、啰唆等情况时，父母一定不要嘲笑孩子，而要给予孩子足够的耐心和尊重，等待孩子的语言能力渐渐提升。否则，孩子一旦受到嘲笑就会退缩和畏惧，最终会把说话视为沉重的负担，对于说话心有余悸，生怕自己因为一时的紧张而招致他人嘲笑，这样一来，孩子如何能把话说好呢？

曾经有心理学家经过研究发现，一个人要想获得成功，学校里所习得的知识和技能只能起到辅助作用，而关键在于与人沟通的过程中能够搜集和整理更多的信息。由此可见人际沟通的重要性，明智的父母不会对孩子的沉默寡言无动于衷，而是会激发孩子的表达欲望，最终让孩子能说会道，善于从人际沟通中获取自己想要的信息，也与他人建立良好的人际关系。

静静是个不爱说话的小姑娘，从小就沉默寡言，很少主动说话。即使妈妈问她什么，她也是简简单单一句话就回答完了，有的时候索性嗯哼一下，也就算回答了。妈妈一直觉得静静性格安静内向，非常乖巧，所以也就把不爱说话视为静静的性格特点，对此不以为意。

有一次，妈妈带着静静去同事家里做客，在妈妈的要求下，静静问候了妈妈的同事，然后就坐在一边吃零食，还边吃边看电视，一个人怡然自得，对妈妈和同事之间的交流完全不感兴趣。同事对妈妈夸赞静静："还是小姑娘好，这么文静，父母多么省心啊。"妈妈笑着说："她从小就不爱说话，喜欢安静。"没过一会儿，妈妈的手机响了，因而走到阳台上接电话。趁着这个时间，同事便和静静说话："静静，你在哪个小学上学啊？你几年级了？学习成绩如何，喜欢上学吗？"在同事看来，这些问题都是相关的，和一个问题差不多，但是沉默寡言的静静却因为这一连串的问题感到很紧张，也感到很困惑。她不知道如何回答，只是随便用一两句话就回应了。等到妈妈接完电话回来，静静无论如何也不愿意继续留在那里了，一个劲儿地要求妈妈带她回家。妈妈不知道静静的态度为何突然转变，感到很莫名其妙，同事更是丈二和尚摸不着头脑，原本要留下妈妈和静静一起吃午饭的计划也落空了。

静静之所以仓促逃离，是因为妈妈的同事逗着她说话，问她一些问题。实际上这些问题很容易回答，也都是无关痛痒的问题，按道理而言根本不应该让静静这么恐慌，而静静之所以感到害怕和畏缩，就是因为她很排斥与人沟通，也根本不愿意说话。

作为父母，要想帮助孩子改变心态，不再把说话当成是沉重的负担，就一定要激发起孩子表达和沟通的欲望。负责任的父母不会单纯认为孩子不爱说话就是性格使然，而是会努力找到真正的原因所在，也会有的放矢地针对孩子的心理状态和不爱说话的原因，对孩子进行卓有成效的引导。日常生活中，父母切勿总是批评和否定孩子，试想，一个信心全无、总是自卑的孩子，如何能够自信地表达自己呢？其次，为了潜移默化地提升孩子的语言表达能力，父母还可以多给孩子讲故事，这样不但能丰富孩子的词汇量，也有助于帮助孩子养成良好的表达习惯。当然，提升孩子的语言表达能力，让孩子爱上说话，并非是件容易的事情。父母一定要有耐心，要付出更多的时间引导孩子，也要以身作则给孩子树立榜样，切实有效地帮助孩子，让孩子在语言表达能力方面得到长足发展。

增强孩子的信心，不要因胆怯而不敢开口

大多数的人在成长的经历中，都曾经害羞过，心理学家的调查数据显示，绝大多数孩子都很容易害羞，其实这是正常现

象，也是成长的必经状态。唯一需要注意的是，每个孩子害羞的程度不同，有的孩子尽管觉得不好意思，却能够战胜内心的胆怯，从而勇敢地展现自己。而有些孩子害羞的程度很严重，他们甚至无法战胜内心的羞怯，而只能选择逃避的态度。例如，有的孩子一看到陌生人，就恨不得找个地缝钻进去，根本无法做到落落大方地与陌生人打招呼和沟通。当然，当孩子非常害羞，也影响了正常的社交，甚至无法礼貌待人时，父母也会因此而感到尴尬。实际上，孩子害羞不仅会丢父母的面子，更重要的是会对他们自身的发展起到极大的局限作用和负面影响。那么，如何才能改变孩子害羞的情况呢？

首先，解铃还须系铃人，父母要想改善孩子害羞的行为表现，就要弄清楚孩子为何会害羞。有的孩子是因为性格内向而害羞，有的孩子是因为自卑胆小，而有的孩子则是因为不知道如何与他人沟通，所以往往想要逃避。为了给孩子健康的成长环境，父母应该为孩子营造良好的家庭氛围，从而才能让孩子在和谐融洽的气氛中健康成长。例如，有些单亲家庭的孩子很畏缩，就是因为家庭的情况让他们觉得自卑和无奈，也不知道如何面对他人。当然，还有些孩子害羞完全是因为他们从小习惯了父母无微不至的照顾，不管做什么事情从来不需要亲力亲为，因而渐渐地，他们习惯了躲在父母的身后，不需要与陌生人直接接触或者交流。

其次，为了缓解孩子害羞的状态，父母还应该用心为孩子挑选好学校。对于孩子而言，随着不断长大，他们会走出家庭，开始融入学校的环境中，在未来的很长一段时间内，学校都会成为他们生存的另一个主要环境，对他们有很大的影响。

最后，要增强孩子的自信心。大多数孩子之所以害羞，是因为缺乏自信，或者在身体上、心灵上受到过伤害，或者曾经遭遇过不公正的待遇，总而言之他们自尊心非常脆弱，很容易陷入畏缩和胆怯的状态。

静静不但不爱说话，而且非常害羞，从来不愿意与陌生人接触。自从上次经不住妈妈好说歹说才与妈妈一起拜访同事，而又被同事的提问吓跑了之后，静静已经很久都不愿意和妈妈出门了。

最近，舅舅家的表哥要结婚，静静虽然很好奇新娘子长什么样子，但是却又不想去人多的场合。她知道，在表哥的婚礼上会遇到很多不常见面的亲戚，那么她的苦日子也就来了，必须不停地问好。一想到这一点，即将参加婚礼的兴奋就被担忧和发愁抵消了，静静很犹豫，不知道自己应该如何选择。眼看着表哥的婚礼就要到了，在妈妈的催促下，静静痛下决心：不参加婚礼。这让妈妈觉得很郁闷，毕竟妈妈和爸爸都要去参加婚礼，单独把静静留在家，妈妈不放心。妈妈问静静："静静，你为何不去参加婚礼啊？你以前不是最喜欢看新娘子么？"静静不好意思地说："妈妈，表哥的婚礼上那么多人，太难为情了。"妈妈困惑地反问："难为情？人家都是去看新娘子的，又不是去看你的，你有什么难为情的？"静静说："妈妈，我不想问完姑姑问大姨，问完叔叔问大伯。"看到静静如此自我封闭，妈妈担忧地说："你这个孩子这么害羞，长大了可怎么办啊？你总不能一辈子待在家里不出门吧！"后来，在爸爸妈妈的全力说服下，静静还是勉为其难地参加了表哥的婚礼。

静静是个内向的女孩，也许在小时候看起来乖巧懂事，很让人省心，但是长大之后又该怎么办呢？正如爸爸妈妈所说的，静静不可能永远待在家里，所以她必须主动出击，让自己战胜胆怯，才能落落大方地应对人生中的很多情况。

每个人都是社会生活的一员，都不可能完全脱离其他人而独自生存。要想孩子生存得更好，父母一定要引导孩子经常走出家门，与外界接触。就像很多年幼的孩子会认生一样，成人其实也会出现认生的状态。而相比起那些闭目塞听的人，见多识广的人显然更容易走出社会交往的困境。要想让孩子处处受人欢迎，最重要的就是让孩子拥有一颗开放的心，当孩子能够开怀接纳很多人的存在时，他们也就会从内向变得外向，从沉默变得健谈。

对于特别害羞的孩子，父母也不要觉得无法接受，而要给予孩子足够的耐心、鼓励和支持，帮助孩子战胜内心的胆怯，让孩子在人际交往中有更积极主动和良好的表现。

当然，作为孩子从出生就依赖的生存环境，家庭环境一定要充满尊重和民主的氛围，让孩子从小就感受到自己是在爱与被信赖的环境中成长的，因而充满阳光和自信，也能够成功地打开心扉。孩子年纪越小，越不容易自我封闭，所以父母应该从孩子小的时候就引导孩子和更多的人相处，也让孩子更顺利地融入陌生的环境之中。如果孩子害羞是因为缺乏锻炼的机会，那么父母就要给予孩子更多的锻炼机会，引导孩子积极主动地锻炼自己。如此一来，孩子就能循序渐进地取得进步，也更加从容地与人交谈。

有点耐心，让孩子遵从自己语言的节奏

在三四岁时，有一部分孩子会出现结巴的情况。这是因为孩子的思维发展迅速，而语言表达跟不上思维运转，孩子在思维的催促下出现表达断断续续的情况。对此，父母完全无须紧张，孩子正处于语言能力快速发展的阶段，只要加以正确地引导，让孩子有信心，孩子就能流畅表达。

虽然结巴在幼儿成长之中发生的概率只有百分之五，但是

这个问题不容忽视。这是因为如果不在第一时间有效纠正幼儿的结巴问题，那么随着他们不断成长，语言习惯定型，再想让他们改掉这个坏习惯就很难。如此一来，结巴就有可能伴随孩子的一生，对孩子的人生产生不容忽视的影响。

近来，五岁的丝丝出现了结巴的情况，爸爸妈妈非常着急。为了帮助丝丝改掉结巴的习惯，爸爸妈妈先是一旦发现丝丝结巴就马上提醒丝丝注意，后来发现这么做的效果并不好，因为丝丝不但没有改掉结巴的坏习惯，反而还变得更严重了。为了改掉丝丝结巴的毛病，爸爸妈妈达成共识，决定只要发现丝丝再结巴，就打丝丝一下。如此一来，丝丝的结巴更严重了。无奈之下，爸爸妈妈只好带着丝丝去看医生。

医生让爸爸妈妈回避，自己单独与丝丝进行交流。结果发现，丝丝结巴的情况并不严重，只是偶尔在思维不连贯时出现而已。但是，等到爸爸妈妈一出现，丝丝结巴的情况马上加重，甚至连一句完整的话都说不出来。对于丝丝的表现，医生心中有数，因而在丝丝跟随护士去检查的时候，对爸爸妈妈说："孩子结巴，是被你们吓的。""吓的？"爸爸妈妈都瞠目结舌，"我们没有吓她，管她的时候，她就已经结巴了呀！"医生说："也许当时是暂时性的结巴，有相当一部分五岁以下的幼儿会出现结巴现象，是因为他们的语言发展的速度跟不上思维发展。只要度过这个阶段，不要催促他们，他们就能顺利度过这个时期了。"爸爸妈妈完全疑惑了："但是丝丝从五岁结巴，到现在都六岁了，也没有好转，我们还想尽了各种办法呢！"医生说："正是因为你们想尽办法想要帮助丝丝改掉结巴的习惯，丝丝才会结巴得更严重。因为你们不管是否定还是肯定，都会引起孩子对结巴的注意，导致孩子很难真正戒除坏习惯。不信的话，你们最近可以不要关注丝丝，就会发现丝丝的结巴有所好转。当然，丝丝结巴的时间比较长，年纪也大了点，所以要想真正改掉结巴的习惯，还要进行一定的训练。当务之急，就是弱化结巴对丝丝的影响。"医生的话让爸爸妈妈恍然大悟，妈妈若有所思：难怪每次提醒或者惩罚丝丝之后，丝丝都吓得连话也不敢说呢！

当孩子出现结巴的情况时，父母最不应该做的就是催促孩子。父母一定要记住，催促孩子只会使孩子心中更着急，思维速度更快，而相比之下语言的表达也就更滞后。时间一长孩子的结巴只会越来越严重，孩子的内心也会变得更焦灼不安从而失去内心的节奏，最终变得手忙脚乱。

当然，每个孩子结巴的原因各不相同，父母作为最了解孩子的人，一定要熟知孩子的脾气秉性，也一定要知道如何针对孩子的性格特点因材施教。大多数五岁以下孩子的结巴情况都是可以随着年龄增长而消失的，如果父母不过于着急，保持淡定平和，那么孩子也就会以一颗轻松快乐的心去坦然面对。父母要相信孩子的力量，也要尊重孩子内心的想法，不要盲目地揠苗助长，更不要一味地要求孩子做到尽善尽美。所谓金无足赤，人无完人，每个孩子都可能有各种缺点和不足，父母一定要对孩子耐心陪伴。正如一篇育儿文章里所说的，慈心安忍，耐心陪伴，只有做到这八个字的父母，才是真正当之无愧的好父母。

学会自嘲，让表达更轻松

何为自嘲呢？仅从字面上来理解，所谓自嘲，就是嘲笑自己的意思。然而，又有哪个人傻到真的嘲笑自己，让自己没有颜面呢？从本质上而言，自嘲是自曝短处，从而既避免被他人嘲笑，又表现出自己的大气和不俗气质。自嘲的人往往都很有自信，所以恰到好处的自嘲，反而能够避开短板，展现个人的魅力。

人际交往中，很难在各种情况下都得到他人的理解和尊重，父母深谙这个道理，也要告诉孩子这个道理。最重要的是，还要教会孩子在遇到尴尬的时候，如何通过自嘲化解自己的尴尬，从而让自己得到他人的友好对待。

当然，如果一味地以说教的方式告诉孩子自嘲的妙处，孩子往往很难理解。实际上，古往今来，有很多关于名人自嘲的事例，父母与其枯燥地说教，不如绘声绘色讲故事给孩子听。虽然孩子没有那么多机会见识现代名人如何自嘲，但是知道古人是如何做到幽默自嘲的，对于孩子而言也是很好的学习机会。为了让孩子切身感受到自嘲的妙用，父母还可以设定一些情境，与孩子进行实地演练。总而言之，当孩子学会了自嘲，或者理解了自嘲，那么孩子在与他人相处时就会更加轻松自如，也能够尽情发挥语言的魅力，为自己的语言表达加分。

善于自嘲的人，更能够处理好人际关系。这是因为自嘲不但是一种表达的技巧，更是一种对生活的态度，还是对于自己的信心。现代社会，人心越来越浮躁，很多人都担心自己的弱点被他人发现，并且因此而惴惴不安。与其这样长痛，不如选择短痛，即主动说出弱点，表现出宽宏的气度。

总而言之，在社会交往中，自嘲具有别具一格的魅力。善于自嘲的人总是能够坦然说出自己的缺点，不管是长相还是身材，或者是做错了的事情，他们都可以拿来自嘲。因为自己的轻松随意，他们也会营造出幽默的交谈氛围，从而让交谈更加顺利地进行下去。

父母一定要帮助孩子理解自嘲的意思，也真正掌握自嘲的方式和技巧。善于自嘲的孩子不但能够赢得他人的喜爱和尊重，同时也会给他人留下深刻的印象，与他人建立友好的关系，同他人顺畅地展开交谈。

至于那些害怕遭到他人嘲笑的人，与其说是有着强烈的自尊心，不如说他们缺乏自信。越是不够自信的人，越是想要得到他人的肯定和认可，以此来彰显自己的实力，找回自信。而越是对自己充满信心的人，越是能够积极自嘲，也以自嘲为自己打开交往的新局面。

要想培养孩子自嘲的能力，父母首先要让孩子热爱生活，对生活充满感恩，也具有敏锐的观察力，从而从独特的视角认知和了解世界。

其次，父母还要多多肯定和赞赏孩子，让孩子养成乐观开朗、自信积极的良好心态。所谓人生不如意十之八九，每个人在生命中都有可能遭遇困境，与其一味地怨声载道，不如戒掉抱怨，怀着积极乐观的态度去生活。大多数性格内向的孩子都表现出自卑，而积极乐观的孩子则表现出自信的力量。殊不知，自信不但是一种对待自己的态度，也是自嘲的一种资本。每个孩子唯有感受到自信的力量，也才能从容地运用自信的力量，才有自嘲的资本和底气。

最后，孩子自嘲需要适宜的氛围，有些父母一向不苟言笑的，在家里对待孩子也严肃认真，既不会和孩子开玩笑，也由不得孩子对于很多事情采取轻松的态度，也就让孩子渐渐养成了不苟言笑、一本正经的习惯。

　　当然，我们不是说不苟言笑、一本正经、严肃认真的态度不好，而是说在日常生活中，每个人总是要有一些轻松愉悦的感情作为调剂，这样才能在紧张忙碌的生活与工作之余感受到快乐。孩子的成长更需要阳光雨露的滋养，而轻松的笑容就是孩子成长过程中的阳光，是必不可少的。

　　不可否认，教会孩子自嘲并非是件容易的事情，很多父母自身还不能做到适度自嘲呢！所谓身教大于言传，父母要想教会孩子自嘲，就要与孩子进行良性互动，为孩子营造轻松愉悦的家庭氛围。当父母做出自嘲的示范，孩子们也会受到潜移默化的影响，不知不觉去模仿父母，从而让自己也具有自嘲的精神和能力。

扩大社交圈，给孩子创造更多锻炼口才的机会

　　没有谁天生就很会说话，擅长与人交流。大多数婴儿从呱呱坠地开始，都要等到一岁多之后，才渐渐地学会说话，从最开始一两个字词地往外蹦，到后来能够流畅而又连贯地说出整句话或者整段话。

　　很多父母会抱怨孩子的语言表达能力差，但是每天下班回

到家之后，他们只会捧着手机坐在沙发上刷屏，而完全没有想到孩子需要更加用心的陪伴。到了周末，父母也会各忙各的，爸爸或者去运动或者在家里看电影，而妈妈则忙着加班或者逛街，就这样把孩子交给老人带养。大多数孩子都是由老人带大的，所谓隔代亲，其实也会给孩子的成长带来困惑。

归根结底，老人不能取代父母在孩子成长过程中的角色，而父母也不可能取代同龄的伙伴在孩子成长过程中的角色。要想一个孩子健康快乐地成长，除了要满足他们吃喝拉撒的基本需求，更需要给予他们精神上的富足养分。合格的父母除了用心陪伴孩子之外，也会给予孩子更多的机会与同龄人相处。明智的父母还会有意识地带着孩子去拜访亲朋好友，让孩子有机会与不同的人相处，增长见识，也更加乐观开朗。总而言之，父母作为孩子的监护者和陪伴者，无须对孩子的一切行为都横加干涉和约束。越是被父母管教太多的孩子，越是表现出木讷的特性，甚至出现害羞、怕生等行为。对于孩子而言，这样自我封闭的行为，对于人生发展没有任何好处。孩子如果经常见人说话，无形中就会拥有驾驭语言的能力，也知道要根据不同的说话对象进行不同的表达。这样一来，孩子的语言表达能力自然大幅度提高。

琳琳是个非常内向羞涩的女孩，总是害羞胆小，不敢与他人说话。琳琳还很闭塞，不愿意与其他小朋友玩耍，唯独能与邻居琪琪玩到一起去。所以每到周末的时候，琳琳的爸爸妈妈都会主动邀请琪琪来家里玩，也算是陪伴琳琳。

一天，琪琪特别想玩老鹰抓小鸡的游戏，因而来到琳琳家里之后，就向琳琳提议："琳琳，我们玩老鹰抓小鸡的游戏，你当老鹰，我当小鸡，好不好？"显然，对于琪琪的这个提议，琳琳不是很满意，只见她接二连三地摇头，不愿意回答琪琪。看到琳琳的样子，琪琪以为琳琳不想当老鹰，因而说："那么，你当小鸡，我当老鹰抓你，好吗？"琳琳还是不停地摇头。琪琪着急了，索性说："你到底想玩不想玩啊？如果你不想玩，那我就回家了！"说完，琪琪就头也不回地走了。看到琪琪走了，琳琳伤心地哭起来。渐渐地，琪琪也不愿意和琳琳一起玩耍了，她和其他那些性格开朗的小朋友玩得不亦乐乎，很快就把琳琳抛之脑后了。

琳琳不爱说话，而且也不能勇敢地表达自己，才使得脾气急躁的琪琪失去耐心，不愿意继续陪伴她一起玩耍。琳琳的这种行为绝不可以忽视，这不是年纪小、性格腼腆导致的，而是因为缺乏与人打交道的经验，所以在人际交往中非常被动。长此以往，琳琳不但与外界缺乏交流，也会成为孤家寡人，身边没有朋友。

如今，很多孩子都是独生子女，习惯了独来独往。不管是好吃的还是好喝的，他们统统据为己有。渐渐地，孩子的内心就会越来越封闭。尤其是很多父母平常忙于工作，即使到了周末也不愿意陪着孩子和同龄人接触，导致孩子的成长受到阻碍，变得越来越艰难。

每个人都是社会的一员，每个人都需要生活在人群之中，与他人保持接触，才能在此过程中接收到来自外界的讯息，同时发出自己的讯息。否则，孩子一旦习惯了闭塞，就会变得越来越"懒惰"，根本不愿意主动与他人交流。可想而知，这样的情况下，孩子的语言表达能力如何得以提升呢？孩子的成长离不开父母的用心陪伴，为了帮助孩子提升语言表达能力，父母要给孩子提供与人相处和交流的机会，即使没有机会，也要创造机会。其次，父母还要引导孩子形成正确的心态，即让孩子意识到一个人不可能赢得所有人的喜爱，所以即使他们在人际交往中遇到不喜欢的人，也完全是正常现象。需要注意的是，父母还需要告诉孩子，与人相处不要一味地凭着个人喜恶，而是要更加宽容，也要做到理智忍让。

还有些父母尤其喜欢干涉孩子的人际交往，总是对于孩子应该与谁相处或者交往指手画脚。这是父母不信任孩子的表现，也会导致孩子怀疑自己，甚至否定自己。记住，孩子不是父母的附属品，为了让孩子形成主见，选择志趣相投的朋友相处，父母不应该干涉孩子与人相处。父母也许会教会孩子很多，但是对于各种感受和体验，父母是无法替代孩子去经历的。当然，为了让孩子善于交往，父母还可以采取游戏的方法，与孩子分别扮演不同的角色，从而模拟真实的交往情境。所谓熟能生巧，当孩子在游戏中能够做到熟练地与人相处，那么相信孩子真正的人际交往能力和语言表达能力也会有大幅度的提升。

第05章　教会孩子倾听，也是提升口才的好方法

会倾听的人才知道该怎样表达

通常，人们习惯于用"滔滔不绝、口若悬河"等词语形容口才好，实际上，"滔滔不绝、口若悬河"等，只有用在合适的情境下，才能起到良好的效果。如果时机不恰当，如在与陌生人刚刚相识时，就对陌生人说个没完没了，不但会招致对方的反感，也会关闭了解对方的渠道。即使是相熟的人，在交流的时候也要注意倾听。每个人都想成为交谈的主角，而不愿意只充当倾听的角色，因此不妨把侃侃而谈的机会交给他人。细心的人会发现，很多人不善言辞，但是却能结交到很多好朋友，这就是因为他们有一双善于倾听的耳朵。

在人际交往中，善于倾听的人会更受欢迎，因为他们总是给他人最大的尊重，也给他人更多的倾诉机会。倾听，是对他人的尊重，也能让自己在人际交往中受到欢迎。要想提升孩子的语言表达能力，让孩子成为受人欢迎的社交达人，父母一定

要引导孩子注意倾听，在人际交往中不要总是急于表达，而是要有足够的耐心，通过倾听走进他人的内心。

与善于倾听的人相反，那些不管见到什么人都侃侃而谈的人，往往是非常自负的，他们沉浸在自己的世界中，完全不管他人的想法。他们在人际交往中不注重对方的感受，而只顾着自己说得痛快，他们看似占据了交谈的主动地位，实际上却失去了对方的心。在与他人交谈的过程中，父母一定要引导孩子学会倾听，尤其是要抛砖引玉，给予对方更多的表达机会，这样才能成功建立良好的人际关系。

豆豆是个非常可爱的孩子，五岁的时候有些口齿不清，在爸爸妈妈的全力引导和纠正下，口齿越来越清楚，说起话来字正腔圆，而且滔滔不绝。看着豆豆的语言表达这么流畅，爸爸妈妈很高兴，因为他们曾经非常担心豆豆说话结巴或者一直说不清楚呢！然而，时间久了，爸爸妈妈也意识到一个问题，那就是豆豆只善于自顾自地说话，而不善于倾听，导致他的人缘不太好，很多小朋友都不愿意和豆豆一起玩。

一个周末，妈妈陪着豆豆在小区广场上玩耍。豆豆刚到广场上，就看到有几个小朋友正在一起玩踢球的游戏。豆豆也很想参加，因而主动申请加入。小朋友们高兴地同意了，但是豆豆才和小朋友们玩了没多久，就对此前的规矩产生异议。因此他让小朋友们都停止踢球，并且对着小朋友们振振有词，说出他的一番规矩。如果小朋友们不同意，豆豆就一直不停地说啊说啊，最终，小朋友们都离开豆豆，又去重新组队玩耍了。看着豆豆孤单地站在那里，妈妈觉得很发愁："豆豆啊，你为何非要按照自己的规矩来呢！你来之前，小朋友们玩得好好的，你是后加入的，只要遵守他们之前制定的规矩就好。如果你觉得某些规矩不公平，也可以简单提出来，但是没有必要非让所有人都听你的啊！"听到妈妈的话，豆豆也意识到自己的确有些过分了，因而非常后悔。

孩子总是要走出家庭，走入学校，也要渐渐学会与他人相处。每个孩子都是社会的成员之一，都不可能完全脱离社会环境而生存，所以父母一定要教会孩子学会倾听。一个不善于倾听的孩子，是很难得到他人的欣赏和认可的。孩子要想融入团队，就要把自己变小，而不是自负自大。善于倾听，对于孩子的成长和发展有很多好处。首先，善于倾听的孩子更容易得到他人的信任，当他们用心聆听，他人会感受到被尊重和被信任，也会回馈给孩子同样的尊重和信任。其次，善于倾听的孩子人缘很好。众所周知，人际相处的基础是相互尊重，而倾听让孩子既付出尊重，也得到尊重，自然能够水到渠成地建立良好的人际关系。最后，善于倾听的孩子成绩非常优秀，他们倾听的时候认真用心，因而能从他人的话语中捕捉到更多有效的信息，不知不觉中就汲取了知识和经验，学习成绩也大幅度提高。

那么，如何才能培养孩子的倾听能力呢？首先，可以引导孩子在说话时，先给他人表达的机会，这样他们就会用心听他人说话。其次，告诉孩子轮到自己说话的时候，一定不要滔滔不绝，说话过程中要有适当的停顿，这样才能给予他人插话和提问的机会。最后，父母还要告诉孩子在发言的时候，也要经常使用问句，这样就把说话的主动权交给了他人，使他人有机会表达。总而言之，如果像KTV里的麦霸一样，总是拿着话筒，别人就没有机会表现自己。父母要教会孩子不当"麦霸"，而是把更多倾诉的机会让给别人，这样才能让交流变得更愉快。

真正的倾听是把每一句话都听到耳朵里去

明智的父母知道，倾听对于孩子而言是非常重要的。要想让孩子成长和进步，父母就要引导孩子学会倾听。倾听，不但是人际交往中必不可少的能力，也是一门真正的艺术。很多人都觉得倾听非常简单，只需要付出一对耳朵即可。实际上，只付出耳朵不是倾听，真正的倾听是认真用心，把别人的每一句话都听到耳朵里，也听到心里去，并且用心思考，深入理解和消化别人所说的内容，这样倾听才会真正起到效果。

倾听也不是一味地听。真正的倾听除了听之外，还要与对方进行适时恰当的互动。例如，在恰到好处的时候点头对对方的话表示同意，在需要的时候，询问对方乐于表达的一些问题。在倾听的过程中，既不要一直低着头听，也不要始终盯着对方的眼睛，这样会给对方以压迫感和紧迫感。完美的倾听需要注意到方方面面的细节，也许孩子暂时做不到，父母也不要着急，而要耐心引导孩子，首先培养孩子爱倾听的好习惯，其次再从细节入手，帮助孩子更加乐于倾听，善于倾听。

一天，妈妈正在厨房做饭呢，豆豆从外面满头大汗地跑进来。妈妈一看豆豆不由得很生气，原来豆豆满头满脸都是泥巴，看起来就像是刚刚从烂泥沟里爬出来一样。妈妈气愤不已地问道："豆豆，你怎么回事，摔跤了吗？"豆豆看着妈妈，说："妈妈，不是的，我是刚才和小朋友在雨地里玩，他们把泥巴都甩到我的身上了。"妈妈有些恼火："不是早就告诉过你，下雨的时候不要在外面玩了么！你非不听，还非得挑战我，是吧？"

豆豆刚才玩得很投入，肚子早就饿得咕咕叫了，他根本无心听妈妈说话，而是把眼睛瞟向锅灶里正炖着的红烧肉。豆豆垂涎三尺地问妈妈："妈妈，你做红烧肉啦！真美味，什么时候可以吃呢？"妈妈正气鼓鼓地批评豆豆呢，看到豆豆非但不反省自己的错误，反而还惦记着吃红烧肉，生气地说："就你这个认错的态度，还想吃红烧肉？我看你连中午饭也不要吃了，除非交上来一百字的检讨。"豆豆才上二年级，根本没写过作文，因而带着哭腔问妈妈："妈妈，可不可以不写啊？"妈妈看着豆豆可怜兮兮的样子，又觉得很好笑，说："不写也可以，但是你要口头说说你的错误。"豆豆最爱说话了，于是很快就说了一大堆话。对此，妈妈说："你说得还算可以，不过你还漏掉一点。"豆豆思来想去也不知道自己漏掉了什么，最终妈妈告诉他："和别人说话的时候，一定要看着别人的眼睛，这样才是对人尊重。妈妈刚才批评你，你非但不认错，还看着锅里的红烧肉，你觉得你尊重妈妈吗？"豆豆认真思考了一会说："妈妈，我的确错了。"说这个话的时候，聪明的豆豆看着妈妈的眼睛，表现出足够的真诚，妈妈忍不住笑了起来。

在倾听他人时，只有耳朵是远远不够的，还要带着眼睛和心，还要用嘴巴适时回应他人。否则只是左耳朵进、右耳朵出地倾听，非但无法起到预期的效果，反而会让人感到不被尊重，甚至因此而恼火。

父母要引导孩子学会倾听，在与孩子日常交流的时候，就要提醒孩子在倾听时眼到、口到、心到，帮助孩子养成良好的倾听习惯。当然，孩子并非生来就具有倾听能力，良好的交流习惯要在日常生活的交流中不断形成。不可否认的是，因为身心发展的限制，孩子很难完全集中注意力，为了帮助孩子在倾听时心到，父母可以在与孩子交流时有意识地提问，从而帮助孩子用心思考，让孩子开动脑筋。很多孩子都有粗心和马虎的坏习惯，为了避免孩子倾听的时候错过重要的内容，父母还要想方设法吸引孩子的注意力，如用猜谜语的方式吸引孩子的注意力，让孩子认真仔细倾听，或者加上一些肢体语言，从而让孩子对于交谈更感兴趣。

一个在交谈中只知道滔滔不绝诉说自己想法的孩子，是无法真正掌握交谈的主动权的，唯有做到眼到、耳到、心到，才符合倾听的要求，才能够掌握交谈的主动权。当孩子把自己变成一个处处都能受到欢迎的倾听者时，孩子的语言表达能力将会取得突飞猛进的发展。

如何克服孩子爱插嘴的毛病

很多孩子都会有插嘴的行为，这让父母感到非常恼火，有的时候父母之间正在说重要的事情，或者正在与他人进行重要的交流，孩子却突然插嘴进来，让父母陷入尴尬之中。即使孩子作为交流的一方，父母也无法容忍孩子的插嘴行为，因为孩子的随意插嘴，会打断父母说话的思路，也让交流终止，使得交流无法起到预期的效果。那么，孩子为何爱插嘴呢？

首先，孩子爱插嘴的重要原因之一，就是孩子很想表达自己的想法，他们非常迫切，完全没有耐心等待他人说完话。这种情况下，父母要教会孩子说话的规矩，让孩子懂得只有等到别人把话说完，才能轮到他来表达。其次，不懂得礼貌，也是孩子随意插嘴的原因之一。如今大多数孩子都是独生子女，是全家人的焦点所在，所以父母和长辈对于孩子的话全都认真倾听，渐渐地，孩子就养成了随时表达的习惯，也丝毫没有意识到胡乱插嘴是不讲礼貌的行为。从这个角度而言，孩子插嘴是因为习惯了唯我独尊，所以父母要引导孩子尊重他人，也懂得礼貌。再次，有些父母因为忙于工作，即使下班回到家里也不能给予孩子足够的关注，当孩子被冷落的时候，为了获取关注，他们往往会故意以调皮捣蛋、插话等行为来吸引父母，哪怕被父母批评，他们也会为得到父母关注而沾沾自喜。如果孩子为了赢得关注而故意插嘴，父母就不要过分指责孩子，而是要反省自己做得是否到位，又是否真正用心关注孩子。最后，大多数孩子都充满强烈的好奇心，对于自己不熟悉的领域，他们总是很感兴趣，也因为求知若渴而喜欢迫不及待地发问。父母既要尊重孩子的好奇心和求知欲，也要教会孩子懂礼貌，找到恰当的时机提问。总而言之，不管孩子因何原因插嘴，父母都要找到原因，从而才能帮助孩子改掉爱插嘴的坏习惯，也让孩子处处受人欢迎。

豆豆是个伶牙俐齿的孩子，说起话来字正腔圆，非常流畅。然而，豆豆也有缺点，那就是特别爱插嘴。每次爸爸妈妈当着豆豆的面说点什么，豆豆就爱插嘴，弄得爸爸妈妈很郁闷。后来再说话的时候，爸爸妈妈就要避开豆豆。

有一次，妈妈接到单位同事的电话，说起工作上的事情，正说得投入呢，豆豆在一旁狂喊妈妈。妈妈很郁闷，用眼神示意豆豆不要喊叫，豆豆却无动于衷，继续大声喊"妈妈，妈妈！"无奈，妈妈生气地挂断电话，严厉地批评了豆豆："豆豆，你怎么回事，我和爸爸说话你随便插嘴，我在和同事打电话说重要的事情，你也随便插嘴。你不知道插嘴是不礼貌的吗？"看到妈妈这么严厉，豆豆觉得很委屈，郁闷地说："妈妈，我只是想告诉你，我们学校非常好。"看到豆豆一本正经而又很委屈的眼神，妈妈又觉得于心不忍，以舒缓的语气说："豆豆，你是觉得你在帮助妈妈吗？"豆豆点点头："是啊，你不是在说学校的事情吗？"妈妈哭笑不得："我和同事在说大学校园的事情，你才上小学啊，完全不是一码事。而且，就算你是好心，也不能随意插嘴，毕竟你不知道别人在谈什么，这样插嘴会打断别人谈话，也会好心办坏事，知道吗？"听了妈妈的话，豆豆似懂非懂："那我该什么时候说呢？"妈妈说："比如妈妈和爸爸说话，你要等爸爸妈妈都说完再说，或者是在我们说话的间隙说。再如妈妈和同事说话，你根本不知道情况，就要等到谈话彻底结束，你再私底下和妈妈说。除非有紧急的情况，否则不能打断别人说话，知道吗？"豆豆显然对紧急情况很感兴趣，因而问妈妈："妈妈，什么叫紧急情况？"妈妈说："例如，突然着火了，或者锅里的饭溢出来了，或者来小偷了，这都是紧急情况，是不能耽搁，必须马上处理的。"豆豆点点头，陷入沉思，正在思考妈妈的话呢！

很多孩子爱插嘴，是因为他们从来不知道什么叫插嘴，也不知道自己在什么时候说话才不算插嘴。在教育孩子的过程中，父母一定要帮助孩子养成良好的表达习惯，更要明确告诉孩子不能插嘴，有话要等到结束后说。孩子正处于成长之中，尤其是对于年纪比较小的孩子而言，因为自身发展的限制，他们往往无法准确区分说话的时机。在日常生活中，父母也可以经常提醒孩子，这样日久天长，孩子对于恰当的表达时机会有更好的理解。

每个孩子都应该学会表达，因为语言是人与人之间沟通的桥梁，也是人际相处的主要方式。当孩子的语言表达能力得到大幅度提升，他们在人际交往中就会如鱼得水，也会有更好的表现。当然，在提醒孩子不要插话的时候，父母也要讲究方式方法，不要过于简单粗暴，否则，就会伤害孩子稚嫩的心灵，也会导致孩子的自尊心受到伤害，甚至打击孩子的自信心，让孩子变得不敢表达，那就得不偿失了。从另一方面来看，培养孩子倾听的好习惯，对于缓解和消除孩子插嘴的情况，也是很有好处的。当孩子学会倾听，他们就能静下心来听他人表达，也能够耐心地等待时机来发表自己的观点。

认真倾听才能理解透彻

认真倾听，如果只是瞪着大眼睛，显然是不够的。真正的认真倾听，要以理解为前提，在倾听的同时能够理解对方的意思，也对对方表示尊重和认可。如果缺乏理解，倾听就会毫无意义，因为在没有理解的情况下，从他人的倾诉中得到的一切信息都是不确切的，也是零碎的片段。所以倾听的时候一定要眼到、心到，才能口到。如果心不到，就无法给他人积极的回应，也会导致沟通陷入困境，无法顺利进行下去。

细心的人会发现，生活中有些人思维非常敏捷，做事情也很顺利，即使遇到意外的情况，也基本能圆满地善后。这些人难道是天生具有高超的能力，所以总是能做到如鱼得水、游刃有余吗？当然不是。是因为他们耳聪目明，能够有效倾听。因为认真倾听，他们对于他人交代的工作或者某些事情总是理解透彻，也能执行到位。试想，假如上司在给下属分派工作任务的时候，下属没有带着耳朵和心，而只是敷衍了事，根本没有听清楚上司交代的工作，那么又如何能够把工作做到位，让上司满意呢？他们也许还会因此而做错事情，招致上司的不满和批评呢！对于孩子而言，要想提升语言的表达能力，让自己说出去的话打动他人的心，首先就要善于倾听且认真倾听，这样才能真正理解他人的想法，也才能让自己把事情做得恰到好处。

孩子如果不善于倾听，不但理解能力很差，而且也没有良好的人际关系。这是因为他们往往只顾着自己说自己的话，说起话来滔滔不绝，丝毫不给他人任何时间和机会去说话。而好不容易等到他们说完了，别人开始说话，他们却不愿意倾听，给人不被尊重的恶劣感觉。为此，不管是孩子还是成人，如果不善于倾听，都会招人讨厌，也会被人嫌弃。在提升孩子的语言表达能力时，父母一定要教会孩子倾听，也要有意识地提升孩子的理解能力，从而为孩子建立良好的人际关系，为与他人顺畅沟通奠定良好基础。

从人际交往的角度而言，孩子要想准确地感知和理解他人的意图，就必须懂得倾听，善于倾听。唯有理解他人的意思，掌握他人语言表达的内容，也恰到好处地运用语言表达的方式，孩子与他人之间的沟通才能进展顺利。总而言之，提升孩子的倾听能力是非常重要的，每位父母都要把培养孩子的倾听能力，作为提升孩子语言表达能力的重中之重。

倾听不仅仅是带着耳朵那么简单，前文说过认真的倾听要做到眼到、心到、口到。在日常的人际交流中，父母要抓住机会教会孩子倾听的方法，让孩子懂得倾听，也善于倾听。当孩子觉得一味地听他人说话很乏味时，父母还要帮助孩子端正倾听的心态，让孩子带着学习的心态去倾听，这样才能保持心情愉悦，而且积极主动。此外，倾听并非只是听那么简单，良好的倾听是一个互动的过程，因而父母还要告诉孩子在倾听过程中学会互动，及时给予对方回应，从而保证倾听的效果。当然，良好倾听能力的养成并非是朝夕之间的事情，尤其是孩子正处于语言能力快速发展的阶段，很多能力并不稳定。又因为社会经验不足，人生阅历尚浅，所以父母更要耐心引导和教会孩子认真倾听，从而循序渐进地提升孩子的语言表达能力。

良好的倾听气氛有助于孩子养成好的倾听习惯

读书的时候，如果周围的环境非常嘈杂，那么我们就会心烦意乱，甚至根本无法继续读书。其实，不仅读书需要良好的氛围，倾听也需要良好的氛围。读书看的是纸面上的文字，而倾听则是听他人说话，一个用眼睛，一个用耳朵，前者可以反复看，而后者则需要我们认真倾听，争取听得一步到位，从而准确理解所倾听的内容。

要想让孩子养成认真倾听的好习惯，就要营造良好的倾听氛围，让孩子可以做到专心致志。大多数父母都知道为读书的孩子营造专心的氛围，却忽略了孩子倾听同样需要氛围。例如，父母要和孩子说一件非常重要的事情，往往不会选择在人声鼎沸的地方说，而是会把孩子带到比较安静的、没有干扰的环境中。其实，不仅仅说重要的事情要营造氛围，日常和孩子沟通时，父母也要为孩子营造良好的氛围，这样孩子才能养成认真倾听的好习惯。

　　孩子要通过倾听，来感知和理解语言，也要通过这样的过程来掌握语言活动。从先后次序上来说，倾听在表达和读写之前，而很多父母都重视表达和读写，却忽略了倾听的重要性。只有先发展孩子的倾听能力，才能促进孩子表达和读写能力的发展，不得不说倾听是提升孩子语言表达能力的关键，也是影响孩子学习的关键环节。唯有为孩子营造恰到好处的倾听环境，孩子才会静下心来感受倾听，也才能真正把他人的表达听到心里去，对他人的表达内容有更好的理解。

　　为孩子营造倾听的环境，第一个标准就是安静。毋庸置疑，在嘈杂的环境中，不管是孩子还是成人，都无法专心地读书或者倾听。而且，周围杂乱的环境也会让信息的传递变得困难，只有在安静的环境中，人们才能集中注意力用心聆听。除了要消除声音的杂质之外，也要让周围的环境恢复整洁干净，从而才能避免倾听者被无关紧要的东西吸引，导致注意力分散。尤其是孩子往往好奇心强，注意力很难集中，因而更要为孩子营造干净整洁的倾听环境。举例而言，在孩子写作业的时候，父母会要求孩子先把书桌收拾干净，也会要求孩子关掉音乐或者电视，保持安静。这都是在营造良好的、有助于集中注意力的环境和氛围，从而让孩子专心致志地完成作业。和写作业一样，当孩子倾听的时候，也需要这样干净整洁、没有干扰的环境，从而有助于孩子集中所有的注意力，心无旁骛地做好该做的事情。

为了让孩子更集中注意力，父母还可以提升孩子的参与感。很多父母一味地让孩子倾听，而与孩子没有互动，时间久了，孩子未免会觉得枯燥乏味，从而注意力涣散。在这种情况下，父母一定要引导孩子积极地参与交谈，或者给予孩子机会及时做出反应和互动，或者让孩子提问和回答问题，这都是提升孩子参与度的好方法。总而言之，任何交谈和沟通都不应该是独角戏，哪怕只是用简单的眼神，倾听者也要做出回应。而作为占据谈话主动地位的人，更是应该根据实际情况及时停止拖沓冗长的表达，这样才能让对方更加主动参与交谈。

总而言之，倾听是需要环境的，父母要想提升孩子的语言表达能力，就要帮助孩子养成认真倾听的好习惯，就要始终为孩子营造良好的沟通氛围，创设有利于倾听的环境。

第06章　掌握了方法，才能帮助孩子提升口才

提升思考能力，才能说话有条理

很多父母在培养孩子的表达力上都陷入一个误区，即觉得孩子的表达力是与思考力相分离的，因而总是把孩子的表达力孤立起来看，根本没想到孩子唯有先形成思考力，才能有条理地表达。同样的道理，如果孩子的思维很混乱，没有思考力，那么说起话来一定会颠三倒四，语无伦次。

正如前文所说的，语言是思想的外衣，要想让孩子拥有良好的语言表达力，父母必须先培养孩子的思考力，从而使孩子有条理地表达，也拥有更多值得表达的东西。当发现孩子的表达力欠缺，而且说起话来常常颠三倒四时，父母应该引起重视，也要意识到提升孩子思考力的重要性。凡事有因才有果，而只有从根源上改善和解决问题，才能让事情有所好转，也才能让后续努力都事半功倍。

小美是一名幼儿园大班的小朋友，已经6岁了，即将上小学

一年级。但是，小美的表达能力不是很好，说起话来常常颠三倒四，尽管妈妈经常提醒小美说话要有条理，突出重点，但是始终没有收到良好的效果。妈妈为此很苦恼，很担心小美上了一年级之后在语言表达上陷入困境，影响学习。

　　一天从幼儿园放学回来，小美奶声奶气地告诉妈妈："妈妈，我明天不去上学。打针很疼，我怕疼。老师说明天要打针，会有医生来学校里。"尽管妈妈把这些语言碎片连起来也的确听懂了小美的话，但是听到小美这样语无伦次的表达，妈妈还是忍不住抓狂。她生气地问小美："小美，我都告诉你多少次了，说话要有条理。你怎么就做不到呢？"小美感到很委屈，原本她是向妈妈求助的，没想到不但没有如愿以偿得到妈妈的帮助，反而被妈妈训斥了一通。妈妈看着小美委屈的样子又很心疼，发泄之后，耐心地引导小美："小美，你为什么明天不想去幼儿园呢？"小美说："幼儿园明天要打针，要来很多医生。"妈妈继续问："医生会做什么呢？"小美想了想，说："医生会给我们打针，我怕疼。"妈妈又问："你怕疼和打针之间有什么关系呢？"小美说："妈妈，你笨啊，医生给我打针，我不就疼了么！"妈妈终于得到想要的回答，为小美整理思绪："所以，小美是因为明天幼儿园要打防疫针，但是小美怕疼，不想打防疫针，所以才要请假的，对不对？"小美连连点头，还对着妈妈竖起了大拇指。妈妈笑着鼓励小美：

"小美也像妈妈这样说一次，好不好？幼儿园明天要打针，小美怕疼，不想打针，所以不想去幼儿园。"小美学着妈妈说了好几遍，妈妈又告诉小美："小美，这样把原因说在前面，再说结果，就更容易让人理解了，知道吗？"小美点点头。

每次小美说话，妈妈都控制住着急的心理，耐住性子引导小美按照因果顺序表达。渐渐地，小美养成了良好的思维习惯，有了富有逻辑性的思维，表达也大有进步，再也不会颠三倒四、混乱无序了。

小美急于表达自己的中心思想，是因为她一心只想着要请假，甚至把请假的原因都忽略了。在这种情况下，父母一味地批评或者训斥，只会导致孩子的内心感到焦虑，有些孩子甚至在父母劈头盖脸的数落声中，完全不知道自己为何会受到批评。事例中，妈妈意识到发脾气是不正确的，因而当即改变方式，开始耐心地引导小美说清楚事情的起因、经过和结果，这样小美才能串起完整的思路。随着妈妈的坚持，小美的思考能力越来越强，表达能力自然也水涨船高。

很多孩子之所以表达混乱，也有可能是因为着急。他们还没有想清楚事情的来龙去脉，就急于表达，急于达成自己的目标，因而总是语无伦次。殊不知，唯有完成表达，才能达到预期的表达效果，没头没尾或者斩头去尾的表达，是很难让人理解的。总而言之，思考与表达缺一不可，而且思考还要进行在表达前面。作为父母，要想提升孩子的表达能力，就一定要培养孩子的思考力，从而让孩子在理性思维的指挥下，有条理地表达。

人们常常用"说话不经大脑"来形容那些不经过思考就盲目表达的人，是因为思考是表达的基础和先决条件。为了培养孩子的思考力，父母要抓住一切机会引导孩子思考。诸如让孩子一边思考一边回答问题，等待孩子用心思考出结果，或者在引导孩子思考时，培养孩子的发散性思维，从而让孩子具备从各个角度思考问题的能力。为了使孩子的思维能力不断发展，父母还应该有创新意识，不要只满足于孩子给出中规中规的答案，要知道创新能力对于孩子而言是至关重要的，它不但有利于培养孩子的思考力和表达力，而且对于孩子的一生都会起到积极的推动作用。需要注意的是，孩子不喜欢一味的说教，为了让孩子有兴趣提升思考力和表达力，父母还可以采取游戏的方式寓教于乐，让孩子在玩耍的过程中不断地提升自己。

让孩子远离脏话和恶言恶语

有人说，语言是流淌自心底的清流，越是内心干净纯粹的人，说出来的话也会如同清流一般，澄澈人心。相反，如果一个人的内心总是阴暗的，那么他们说出来的话也经常不自觉地带着脏字，让听到的人很不舒服。很多混社会的人"出口成脏"，对于他人充满了恶毒的抱怨和诅咒，这样的人显然是经历复杂的。遗憾的是，很多时候，心灵简单干净的孩子，也会"出口成脏"，这往往让父母觉得难以接受。

孩子之所以说脏话，有可能是因为受到成人的负面影响，也有可能是因为内心充满暴戾之气。现代社会发展越来越快，人心更加浮躁。在成人变得急功近利或者焦虑不安之时，孩子也会在无形中受到影响。然而，孩子语言肮脏不仅仅是影响语言表达那么简单，更有可能影响孩子的人际关系，导致人人唯恐避之不及。如此一来，可想而知孩子的生活和学习都会受到影响，也会因此而陷入孤立之中。

小林上一年级了，妈妈因为忙于工作，没有时间亲自接送小林，因而就把奶奶从老家接过来，主要负责小林上学的接送工作，周末的时候负责带小林去小区广场上玩耍。奶奶才来了一个多月，一天晚上，妈妈催促小林早点洗漱睡觉，小林却嘀咕道："操，傻×！"妈妈一听到这句话简直气昏了，当即怒气冲冲地质问小林在嘀咕什么，小林当然知道自己是错的，因而不敢再重复一遍。妈妈不知道小林为何学会骂人，气得和丈夫说起这件事情，还扬言要去学校找老师，看看班级里有没有孩子这么说话。

这时，在一边的奶奶发现事态越来越糟糕，因而不得不承认："是我带他在公园里玩的时候，他学会的。都怪豆豆的奶奶，那个老太太没什么文化，一张嘴就带着脏字。我们在一起聊天，小林听着听着就学会了。"

听到奶奶的话，妈妈着急起来："妈，你都知道小林学会骂人了，怎么还和豆豆奶奶聊天啊？"奶奶当即辩解："自从发现小林学会骂人，我就再也没有和豆豆奶奶聊天了。我原本以为小林过段时间就会忘记这些脏话，就没和你们说，但是小林却没有忘记。"看着小林总是情不自禁地说出脏话，而且和父母长辈也总是说脏话，妈妈头疼不已，想出了很多办法制止小林，都没有太好的效果。为此，妈妈只好向小林解释那些脏话是什么意思，也教育小林要有干净的心灵和干净的语言，渐渐地，小林才改掉了说脏话的坏习惯。

现实生活中，很多孩子都和小林一样，因为潜移默化受到他人的负面影响，也学会了说脏话。然而，现代社会提倡文明，不管是在生活中还是在工作中，都不允许说脏话的行为出现。为了避免孩子无形中沾染说脏话的恶习，父母一定要用心培养孩子优秀的品质，让孩子以高标准严格要求自己，而不要总是对于自己的言行过于松懈和放任自流。

需要注意的是，家庭环境是孩子成长的主要环境，对于孩子各种优秀品质的养成会起到重要的影响作用。父母一味地对孩子说教是不管用的，唯有以身作则，为孩子树立文明的榜样，教会孩子非礼勿行、非礼勿说，才能潜移默化改变孩子，也逐渐提升孩子的表达能力。

优秀的品质是每个人立足于社会的根本，一个人只有拥有优秀的品质，才能立足社会。孩子尽管生活在小的人际圈子中，但也是社会的一员，只有让自己的言行举止符合小圈子的标准，才能真正做到受人欢迎，成为社交达人。当然，孩子优秀品质的养成，是一个漫长的过程，绝不可能是一蹴而就，或者轻而易举就能实现的。

除了要在生活中多多引导孩子之外，父母还应该肯定孩子的优秀行为，从而让孩子的优秀品质得以养成。适度的鼓励，会让孩子更加主动地学会懂礼貌讲文明的行为，也会净化孩子的心灵，让孩子的语言更加干净。为了帮助孩子养成良好的行为习惯，父母一定要用心陪伴孩子成长，全力以赴为孩子树立精神文明的榜样，从而让孩子远离恶言恶语，拥有文明的精神世界。

吐字清楚，养成良好的表达习惯

现实生活中，有很多孩子说话都含糊不清，或者是大舌头，或者叽里咕噜，总而言之无法做到字正腔圆，让别人听得清清楚楚。有些父母认为孩子说话不清楚是因为发育，实际上大多数孩子说话不清楚，是因为从小形成了不好的语言表达习惯。要想彻底纠正孩子说话吐字不清的习惯，父母就要追根求源，找到孩子说话不清楚的真正原因，这样才能有的放矢解决问题，也会让孩子说话进步迅速。

通常情况下，孩子主要通过模仿获得说话的能力。《假如给我三天光明》的作者海伦，自从一岁多得了猩红热之后就失去了视力和听力，由此也导致失去了语言表达能力。实际上，她的声带还是正常的，只是因为无法从外界接收到讯息，所以她无法模仿他人说话。后来，海伦在一个老师的指导下，通过感受声带的振动学会了说话，由此一来渐渐地恢复了语言能力。由此可见，孩子学习说话会受到外界环境的很大影响，如果身边有成人说话不清楚，孩子也会养成说话不清楚的习惯。还有的孩子之所以说话不清楚，是因为被父母娇惯。众所周知，孩子小的时候刚刚学会说话，因而说得难免不清楚，在这种情况下，父母应该及时纠正孩子不良的语言习惯，才能让孩子掌握正确的说话方式。偏偏有的父母觉得孩子说话吐字不清反而很可爱，因而从来不对孩子加以纠正，最终导致孩子养成说话吐字不清的习惯，久而久之也就很难改变了。

说话吐字不清，语言表达不清楚，不仅影响孩子与他人之间进行交流，还会使孩子与他人之间的交往形成障碍。等孩子长大后，没有人觉得孩子吐字不清是一种可爱，反而会嘲笑孩子，由此一来，孩子必然觉得很自卑，也会因此而变得畏手畏脚，心理不够健康。众所周知，孩子正处于身心快速发展的阶段，如果长期说话吐字不清楚，还会影响孩子发声器官的发育，可谓后果严重。

　　豆豆已经五岁了，但是说话吐字却不是很清楚。每当听到豆豆说出不清不楚的话时，爸爸妈妈都觉得很好玩，非但不纠正豆豆，有的时候反而还会模仿豆豆说话，全家人都笑得前仰后合。就这样，豆豆从不觉得自己说话不清楚，反而以自己一张口就能逗得全家人哈哈大笑为傲。在父母的"纵容"下，随着年纪增长，豆豆说话吐字不清的坏习惯没有得到任何纠正，更没有任何好转。直到从幼儿园毕业升入一年级，爸爸妈妈才意识到豆豆说话不清楚是会给学习带来极大困扰和障碍的。

　　因为自身说话吐字不清楚，所以豆豆对于某些字词正确的读音并不了解，因而每次听写的时候，老师说的是一个字，豆豆写出来的却是另一个字。后来，豆豆背诵课文也总是不过关，负责检查背诵的小朋友总是说豆豆不会背诵课文。爸爸妈妈这下子可着急了，然而使用了很多方式对豆豆进行纠正，效果都不太明显。爸爸妈妈很懊悔：要是早日纠正，豆豆说话吐字不清楚的情况，也许就会大有好转了。

　　如果在孩子小时候刚刚学习说话时，也是形成说话习惯的关键时期，父母对于孩子说话含混不清的现象不引起足够的重视，也不当机立断进行纠正的话，那么孩子就会在语言表达上走入歧途，直到养成不良的说话习惯，也影响发声器官的正常发育，对生活和成长都造成极大的困扰。

　　语言，是人与人交流和沟通的渠道，也是不可缺少的桥梁。如果语言不能发挥应有的作用，沟通和交流就会面临困境，也会给每个人的人际交往造成障碍。所以父母一定不要轻视孩子说话吐字不清楚的现象，而要积极主动对孩子展开引导和纠正，从而帮助孩子形成良好的语言习惯。父母一定要以身作则，为孩子树立好的榜样，千万不要为了逗乐而模仿孩子，否则就会让孩子误以为自己的语言很有趣，是能给人带来快乐的，因而变本加厉。正确的做法是，在孩子说话吐字不清楚时，父母要口齿清晰、字正腔圆地纠正孩子，给孩子展现正确的发音，也让孩子有模仿的对象。示范完成之后，父母还要纠正孩子发音，直到孩子真正能够正确发音为止。

　　对于孩子吐字不清的情况，父母不要觉得有趣，也不要因此而责怪孩子。对于孩子而言，父母的鼓励是孩子的精神力量，当他们得到爸爸妈妈的鼓励，也坚信爸爸妈妈任何时候都是他们最坚强的后盾时，他们自然会学习正确的做法，而摒弃错误的做法。父母鼓励孩子的方式有很多，把赞扬的话明确说出来，用信任而又赞许的目光注视着孩子，有意识地引导孩子继续字正腔圆地说话，这都是很好的选择。一定要记住，作为父亲，千万不要在孩子说话含混不清的时候严厉地批评甚至训斥、打骂孩子，否则孩子一定会感到非常恐惧，陷入紧张和焦虑之中，非但不能做到字正腔圆，反而还有可能因为过度紧张和焦虑而变得结巴。总而言之，父母是孩子最好的老师，从孩子小时候开始学习说话起，父母就要承担起教育者的角色，为孩子的语言学习保驾护航。

当孩子已经出现含混不清的语言表达缺陷时，父母与其枯燥地纠正孩子某个读音，不如采取做游戏的方式，让孩子积极主动地学习正确的读音。寓教于乐，才能取得最好的教育效果，也才能给予孩子的成长更好的指导和引导。有专门针对纠正孩子发音设计的游戏，例如语音训练、构音游戏等，对于提升孩子的语言能力，纠正孩子的错误发音，都是非常有好处的。常言道，处处留心皆学问，面对说话含混不清的孩子，父母只有处处留心，才能循序渐进、毫无疏漏地纠正孩子的错误发音，也才能帮助孩子养成正确发音的好习惯。

还需要注意的是，有很多地方的方言比较拗口，导致当地人说的普通话也不标准。例如有些地方的人"n"与"l"不分，还有些地方的人"b"与"p"不分，这是具有地域性特点的。为了孩子能够说出一口标准流利的普通话，父母自身首先要改正这些错误的地方，然后才能卓有成效地指导和纠正孩子。要想把普通话说得准确流利，对于很多地方口音浓重的人而言并非容易的事情，如果先针对方言纠正发音，然后再坚持练习普通话，反而会起到良好的效果。当孩子还没有意识到方言对普通话的影响时，父母也可以主动提醒孩子，以防患于未然，总而言之，孩子越小越容易纠正，否则一旦等他们养成不好的发音习惯，再想纠正就很难了。

培养开朗性格，让孩子愿意主动表达

很多孩子不愿意表达，既不是因为自卑，也不是因为懒惰，而是因为他们的性格就是内向型的，所以他们并不想随时随地表达自己。相比之下，乐观开朗的孩子更喜欢对着他人说出自己的心声、感受和想法。因而要想让孩子爱上表达，父母首先要明确孩子的性格属于外向型还是内向型。如果孩子属于内向型，父母则要更加着重于塑造孩子的开朗性格。当孩子拥有了乐观开朗的性格，表达自己也就成为了水到渠成的事情，即使没有机会，他们也会为自己创造机会。所以父母要想提高孩子的表达能力，先塑造孩子乐观开朗的性格，才是有的放矢的行为。

现实生活中，很多孩子虽然年纪不大，但是看起来却显得很沉闷。他们每天都会低垂着头，表现出郁郁寡欢的样子，不但不喜欢主动和他人打招呼，哪怕他人主动和他们打招呼，他们也会爱搭不理，看起来没有丝毫交谈的欲望。如果说那些乐观开朗的孩子都如同八九点钟初升的太阳，那么这些内向悲观且消沉的孩子，则像是正午阳光下被晒蔫的植物，没有丝毫朝气和活力。从这一点也不难看出，塑造孩子乐观开朗的性格有多么重要。

通常情况下，孩子并非生来就内向，而是在性格养成的过程中，受家庭教育的影响很大。曾经有心理学家经过研究发现，在那些父母凡事都要横加干涉的家庭中，孩子往往缺乏自信，被父母打着爱的旗号加以各种限制，从而渐渐形成了孤独苦闷、自我封闭的性格。他们被"囚禁"在家里，很少走出去与更多的孩子交往，也因此眼界狭窄，内向孤僻。对于这样的孩子，父母一定要意识到过多限制和管教孩子的负面作用，及时改变教养方式，否则只会导致孩子越来越苦闷，也会使得孩子变得郁郁寡欢。其次，还有很多孩子生性敏感，不管做事情还是与人打交道，他们总是感到非常恐惧。特别是在面对不太相熟的异性，或者是面对老师、长辈等人时，他们总是感到非常紧张，也因此而木讷起来。又因为不够自信，他们便情不自禁地产生了恐惧心理，也无法控制自己的情绪，忍不住想要逃离。当然，导致孩子性格内向的原因有很多，父母所能掌控的，只是孩子成长过程中的一小部分因素。除了家庭和父母的原因之外，孩子在不断成长的过程中，也会受到各种来自外界的压力，这些压力很多情况下父母根本毫不知情。

毋庸置疑，父母都希望自己的孩子能够开朗乐观，说起话来也头头是道。然而，孩子的发展总是超出他们的预料，这不是因为孩子先天性格不好，先天因素对于孩子的性格塑造只起到一小部分作用，孩子的性格更大程度上取决于父母对其后天的培养。

父母要想让孩子形成乐观开朗的性格，就一定要从生活中的点点滴滴做起，渐渐塑造孩子的外向性格。诸如，家庭环境是孩子成长过程中最重要的环境，从呱呱坠地到逐渐成长，孩子最依赖家庭环境，也受到家庭环境的很大影响，因而父母要为孩子营造轻松快乐的家庭环境，潜移默化地让孩子形成积极乐观的心态，这样孩子才能开朗外向。再如，父母一定要减少对于孩子的限制，记住，孩子不是父母的私有品，孩子也有自己的情感，父母一定要给孩子足够的自由，让孩子自由自在地成长，获得人生的巨大空间，孩子的性格才会越来越好，也变得快乐起来。最后，父母要想让孩子形成开朗外向的性格，还要鼓励孩子多多结交朋友。很多孩子性格忧郁，不善于与同龄人交朋友，既倍感孤独，也无法体会到朋友带来的温暖和快乐，时间一长就会陷入负面情绪的循环之中，导致自己非常孤独苦闷。

总而言之，孩子的性格既不是天生的，也不是朝夕之间就能养成的。父母必须关注生活中琐碎的细节，这样才能抓住一切机会引导孩子排遣心中的抑郁，真正变得乐观开朗起来。

通常情况下，孩子在集体活动中更容易忘却心中的烦恼，全身心投入其中。因而当与孩子私底下沟通的效果不够显著时，父母还可以设计各种游戏，让孩子忘乎所以地全心投入，这个时候，孩子心中一定能够阴霾尽消，变得积极乐观。实际上，家庭生活中有很多机会可以举行集体活动，诸如在某位家庭成员过生日时，在节假日里一起出行时，都可以举办活动，给予孩子更多的机会表现自己。随着人际圈子的不断扩大和人际交往活动的密集进行，相信孩子们会变得越来越外向，越来越开朗，这样一来孩子自然也会从被动表达变为主动表达，进而创造精彩的人生。

肢体语言也是一种很好的表达方式

在还没有完全掌握语言表达能力时，孩子就本能地学会了肢体语言。对于每一个孩子而言，肢体语言都是至关重要的，他们在年幼的时候凭借肢体语言进行交流，等到他们长大了，哪怕对于语言运用得非常娴熟，也依然把肢体语言作为重要的交流辅助工具。从这个意义上而言，成年人要想与孩子进行沟通和互动，就一定要了解孩子的肢体语言，并且透过肢体语言把握孩子的情绪状态、心理意图等，从而积极主动地对孩子的很多行为做出及时的回应和恰到好处的反应。从满足孩子需求的角度而言，成人要先了解孩子的肢体语言，才能深入了解孩子的需求，再恰到好处地满足孩子的需求。唯有如此，孩子才能身心健康地成长，其智力、语言表达等各个方面的能力也随着成长不断提高。

其实不仅对于孩子而言，即使在成人的沟通和交流中，肢体语言也起到非常重要的辅助作用，有的时候还会超越口头语言，在某些特殊的情况下起到至关重要的作用。因而作为成人，一定要能读懂孩子的肢体语言，也要引导孩子掌握肢体语言，善于运用肢体语言表达自己的思想。这样一来，孩子的表达能力将会得到大幅度提升。曾经有心理学家经过研究证实，很多情况下人们可以刻意地组织语言，起到掩饰内心的作用，所以相比起语言，肢体语言表达的信息往往更加真实。尤其是孩子，因为还没有完全熟练地掌握语言表达，他们更擅长使用肢体语言表达自己的内心，诸如情绪状态、心理状态等。孩子最直接的表达就是高兴了就笑，生气了就哭。从一出生开始，孩子就会利用哭泣来表达自己的情绪和需求，例如渴了、饿了、尿了、拉臭臭了，孩子都会出于本能而哭泣，让照顾者第一时间就意识到他们有新的需求了。

那么，如何才能训练孩子的肢体表达能力，让孩子随着年纪增长，对于肢体语言的运用更加纯熟呢？首先，父母要为孩子营造安全的环境。当孩子感到紧张不安或者焦虑恐惧时，他们就会出于本能地进行自我保护，表现出拘谨的样子，而不会尽情展现肢体语言。唯有在放松的环境里，孩子才会更加乐于表达，也会创造性地使用肢体语言，让肢体语言更加丰富多彩。其次，父母要为孩子做出良好的示范，经常对孩子使用肢体语言。要知道，孩子的模仿能力是非常强的，有的时候父母的无心之举就会被孩子学习，也成为孩子的习惯性动作。例如，有个幼儿园的小女孩回到家里居然一手掐腰，一手指着爸爸妈妈的脑袋，批评爸爸妈妈。对于这个非常成人化的动作，妈妈经过仔细询问才知道，原来女孩在幼儿园里经常看到老师以这样的姿态批评小朋友，所以不知不觉间就学会了。最后，父母还可以激发孩子的创新能力和想象力，让孩子从更多的渠道学习肢体语言，从而让孩子深入了解肢体语言，也惟妙惟肖模仿使用肢体语言，直到掌握更丰富到位的肢体语言表达方式。总而言之，为了提升孩子的表达能力，父母一定不能忽略孩子的肢体语言。日常生活中，父母还可以带着孩子玩各种小游戏，从而让孩子在轻松自在的环境中更熟练地掌握肢体语言。例如，在很多电视娱乐节目上都有"猜猜猜"的游戏，即搭档两个人中，一个人负责看图片做出各种动作，并且以不相干的语言尽量描述图片上的事物，而另一个人则凭着这些动作以及与对方的默契，猜出对方正在表演的事物名称。毫无疑问，这样的游戏非常有利于提升肢体语言表达能力，对于提升孩子的描述能力也会有很大的帮助。虽然孩子对于肢体语言的使用是与生俱来的本领，但是要想把肢体语言运用得更好，还是需要父母多多引导和启发孩子，并且充满耐心地对孩子开展相关训练。

下 篇

不怕不怕，我会大方勇敢说话

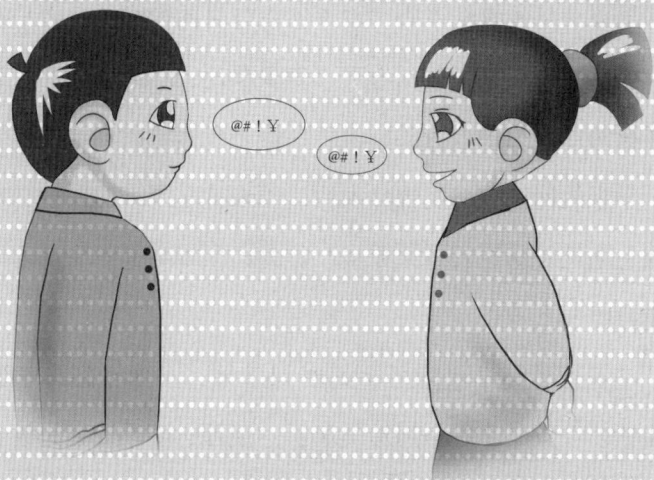

怎样与熟人打交道

有一天，果果和妈妈一起去超市里买东西，遇到了一个同班男同学。一开始，妈妈并不知道这个男同学是果果的同班同学，看到男同学一直朝着果果笑，觉得很纳闷。后来，妈妈发现果果总是故意低下头，也不愿意与男同学交往，似乎在回避什么，因而引起了警觉心理，对果果说："果果，你认识那个男孩吗？"果果点点头，说："他是我们班的劳动委员。"听到果果的回答，妈妈恍然大悟，原来这是果果的同学，难怪人家总是笑眯眯地看着果果呢！但是，果果为何不主动与同学打招呼呢？

等到男同学离开了，妈妈问果果："你看到同学怎么不说话？"果果不好意思地笑了："说什么啊？"妈妈说："这就是你的不对了。人家同学主动冲着你笑，你非但不与人家打招呼，还故意低下头装作没看见人家，这可是不懂礼貌的表现，也会让同学很尴尬的。"果果有些纳闷："我怎么打招呼啊，难道说'你好'，那不是很奇怪吗？"妈妈笑了，说："果果，平日里看着你也很活泼啊，怎么这么死板呢！你可以说'嗨'，然后冲着人家微笑。你也可以说'××，这么巧啊在这里遇到你，你也是陪妈妈来采购的吗'，这些都是很好的打招呼的方式，为何非要那么死板说你好呢？"在妈妈的启发下，果果的确觉得自己做得不够好，也让同学尴尬了。为此，果果对妈妈说："好吧，下次我就这么随意地打招呼。"妈妈笑了："随意有什么不好呢。你和同学又不是进行商务会谈，只要表示出热情友好就好。"果果点点头。

十岁左右的孩子在遇到同学，尤其是遇到异性同学时，往往不会再像小时候那样亲热地仿佛很多年没见一样了。他们即将进入青春期，已经产生了害羞的心理，因而显得很胆怯。然而，落落大方还是应该做到的。所以当发现孩子遇到同学或者其他熟人时，父母一定要引导孩子主动打招呼。这样，孩子才能与他人之间建立良好的人际关系，受到他人的欢迎。

反之，如果有的孩子在见到他人时，不但像没见到一样，而且还刻意回避，这种行为一旦被他人发现，就会让他人产生误解，甚至生孩子的气，再也不愿意与孩子相处。如此一来，孩子自然失去了好人缘，说不定还会因此受到很多人的排挤，导致在人际圈子里举步维艰呢！

如何与陌生人搭讪

有一个周末，妈妈没有带着小蕊出远门，而是就在小区的广场上玩耍。到了广场上，小蕊发现有几个人正在玩游戏，于是很感兴趣，也想参加。但是，如何才能加入呢？小蕊苦思冥想，都没有想到好办法。

看到小蕊跃跃欲试的样子，妈妈似乎看透了小蕊的心思，因而鼓励小蕊："想玩就去玩吧，妈妈在这里等你。"小蕊不敢去，妈妈笑着对小蕊说："学会搭讪，你就能加入。"正在此时，有个孩子做游戏不小心把手弄破了，小蕊便赶紧拿着手帕纸递给那个孩子，还关切地问："你一定很疼吧，还能继续玩吗？"受伤的孩子沮丧地说："不能继续游戏了，谢谢你的纸巾，要不你来代替我吧！"小蕊正求之不得呢，赶紧点点头。受伤的孩子向小伙伴们推荐小蕊："伙伴们，接下来由这个女孩代替我，我负伤了，需要休息一会儿。"小蕊如愿以偿地加入了游戏。后来受伤的孩子恢复了体力，小蕊也依然留在队伍中。

小蕊如果唐突地请求加入游戏，也许会受到成员们的排挤。幸好小蕊并不盲目，而是瞅准了机会，帮助了受伤的游戏成员，这样才能在对方的引荐下顺利加入游戏。等到真正融入团队，哪怕受伤的男孩回归队伍，小蕊也依然受到小伙伴们的欢迎，继续参加游戏，可谓一举两得。而小蕊之所以能成功，就是把握了搭讪的好时机。

要想与陌生人搭讪，盲目和突兀是不足取的，最重要的是要把握好时机，同时找到最佳的、让人感到轻松的话题，这样才不会招致陌生人的反感。否则，如果一开始就仓促与陌生人搭讪，往往会导致陌生人很反感，甚至会导致事与愿违。

那么，怎样寻找合适的话题和时机呢？对于孩子而言，彼此最感兴趣的话题当然是充满童真童趣的话题，例如男孩可以在一起讨论一下打游戏的策略，女孩可以在一起讨论一下哪种颜色的裙子更漂亮等，这都是不错的话题，虽然看起来琐碎，实际上却会给人轻松的感觉。再如，当两个孩子一起代表班级参加学校里或者区里的比赛时，原本陌生的他们因为要共同完成一项伟大的任务，所以也会产生亲密的感觉，从而进行良好的互动和沟通。这就是不折不扣的好时机。生活中，这样的机会是很多的，例如在儿童医院的输液室里，两个相邻而坐输液的孩子，很容易就能玩到一起去，说不定还会成为"难兄难弟"呢。由此可见，当与对方置身于相同的情景之中，且有共同的经历时，就是与其搭讪的好时机。

也许有些父母对此不以为然，觉得自己家的孩子已经有了很多好朋友，根本无须结交新朋友了。其实不然。孩子尽管有很多好朋友，但是每个孩子都是社会的一员，都要生活在群体之中。所以孩子会不断离开旧朋友结交新朋友。尤其是随着年纪的增长，孩子的活动半径越来越大，他们更需要与很多陌生人相处，也最大限度地拓展自己的人际交往圈子。这样一来，孩子们当然会拥有更多的朋友，也会让自己真正快乐，更受欢迎。

如何与第一次见面的人交流

周末，妈妈带着小蕊走亲戚，去叔叔和婶婶家里玩。叔叔的女儿欣欣和小蕊同岁，与小蕊特别玩得来。叔叔家里恰巧也有客人，那就是婶婶姐姐家的女儿莉莉，是欣欣的表姐，比欣欣大三岁。

初次见到莉莉，小蕊显然有些认生。她局促地坐在沙发上，都没有去欣欣的卧室。而欣欣呢，又是个马大哈，根本不知道要介绍小蕊和莉莉认识，自顾自玩得高兴着呢。看着小蕊落寞的样子，妈妈鼓励小蕊："小蕊，去和欣欣妹妹、莉莉姐姐一起玩啊，你不是最爱和欣欣玩了么！"看到小蕊半天不动，妈妈又问："小蕊，你是不是不知道如何与莉莉姐姐交流啊！"小蕊点点头，妈妈启发小蕊："你们都是女孩子，莉莉还比你大几岁，你有很多事情都可以请教莉莉姐姐啊。例如你可以问问莉莉姐姐到了小学高年级，是不是作业很多？你还可以问问莉莉姐姐喜欢玩什么游戏，好不好？莉莉姐姐一定会很乐意与你交流的。"在妈妈的启发下，小蕊主动与莉莉交流，果然得到了莉莉的热情回应，小蕊马上就与莉莉成为了好朋友。

别说是孩子了，就算是成人，在与第一次见面的人交流时，也会感到紧张局促，完全不知所措。那么，如何才能缓解与人初次见面时的紧张气氛，从而让交流顺利进行呢？细心的父母会发现，大多数人对于自己感兴趣的话题都更放松，也更愿意攀谈，所以为了避免与第一次见面的人交谈时陷入窘境，最好的办法就是说一些轻松愉悦的话题，最好说起对方感兴趣的话题，这样对方才会感到放松，也才能减轻对你的戒备心理，从而拉近与你的心理距离。

与第一次见面的人交流，还要根据对方的身份、年龄、职业等特点有的放矢选择话题。例如孩子往往喜欢与玩有关的话题，而老人则更喜欢关于家务事、保健养生的，年轻人则更喜欢很多新鲜的事物。总而言之，唯有针对交谈，选择最合适的话题，才能瞬间拉近与对方的距离，从而与其进行更深入的交流。

人与人之间的隔阂，并非轻易就能消除，唯有从点点滴滴入手，才能一点点融化彼此之间的坚冰。正如人们常说的，人与人之间最遥远的距离，不是相隔万里，而是站在彼此眼前，却不知道对方的心意。由此可见，人与人之间要想消除隔阂、拉近距离，最重要的是心意相通，也是彼此内心融合。在提升孩子的语言表达能力之前，父母一定要引导孩子真诚友善地对待他人。

怎么做才能与他人成为朋友

最近，欣欣很苦恼，因为几乎没有同学愿意当她的朋友。这是为什么呢？原来，欣欣从小就是独生子女，而且深受爸爸妈妈的疼爱和宠溺，这导致欣欣不愿意与人分享，不管是有好吃的还是有好玩的，都愿意一个人独享。渐渐地，同学们都越来越不喜欢自私的欣欣，尤其是欣欣说话也很尖酸刻薄，同学们因此更加远离欣欣。

一天，老师在班里提倡成立学习小组，不承想，每个小组都不愿接受欣欣。后来，还是在老师的强制要求下，才有一个小组勉为其难地接受了欣欣，但是大家都不愿意和欣欣沟通。回到家里，欣欣把情况告诉妈妈，还委屈地哭了起来。妈妈语重心长地对欣欣说："欣欣，你要想得到他人的喜爱和接受，就不能继续这么自私下去了。这样好不好，妈妈明天为你准备蜂蜜烤翅，你中午吃饭的时候和同学们分享，好吗？"欣欣不假思索地说："不好，我最爱吃蜂蜜烤翅，我要吃光光。"妈妈又问："那你还想被同学们排挤吗？"欣欣摇摇头，因为被人排挤的滋味实在太难受啦！为了拥有好人缘，欣欣只好勉为其难地把蜂蜜烤翅分享给同学们，结果却出乎她的预料，因为同学们似乎一下子就对她热情了。

欣欣尝到了好人缘的滋味，变得越来越大方，再也不对同学斤斤计较了。一段时间之后，她惊讶地发现，同学们对她也越来越大方了，欣欣高兴极了。

想与他人成为朋友时，一味地被动等待，希望他人主动伸出手，显然是不可行的。对于每个孩子而言，他们都渴望拥有更多的朋友，然而，友谊的建立并不那么容易，他们唯有更加主动地与他人交往，给矛他人真诚的心意和热情的拥抱，才能换取他人的尊重与热情，也才能与他人成为朋友。

在成长的过程中，每个孩子都需要朋友的陪伴，哪怕父母再爱孩子，不离不弃地守护在孩子身边，也无法取代朋友在孩子成长中的重要作用。所以父母在提升孩子语言表达能力的同时，也应该教会孩子与他人交往的技巧，这样才能帮助孩子收获友谊，让孩子在友谊的滋养和陪伴下健康快乐地成长。

怎样化解矛盾，与人和好

拥有了朋友的欣欣非常珍惜友谊，对每个朋友都很好，因为她再也不想过没有朋友的孤家寡人的日子了。但是一个偶然的机会，欣欣与好朋友之间发生了矛盾，也可以说是误解，导致她与好朋友变得形同陌路。看着曾经最好的朋友现在却对自己丝毫不理睬，欣欣难过极了，随着情绪恢复平静，她也意识到自己的确错了。怎样才能挽回这段友谊呢？无奈之下，欣欣只好向妈妈求助。

听完欣欣讲述事情的原委，妈妈当即毫不犹豫地说："欣欣，你该向好朋友道歉，否则这段友谊就无法恢复了。"欣欣很为难："那多不好意思啊，万一她还是不理我怎么办呢？"妈妈说："你向她道歉，不是为了求得她的原谅，再次收获她的友谊，而是你真的做错了，所以不管她是否原谅你，你都要对自己的错误负责，都要勇敢地承担责任，化解矛盾。"在妈妈的启迪下，欣欣突然开窍了，也意识到自己真的需要道歉。为此，她用一整个晚上的时间写了一封道歉信，还在信上表示自己可以负荆请罪。看到这封信，好朋友忍不住笑起来，当即就与欣欣和好如初。欣欣以真诚的歉意再次收获了友谊，心中觉得高兴极了。

牙齿还会咬到舌头呢，更何况是人与人之间呢？特别是孩子之间相处，更是会因为各种问题产生误解，发生各种各样的状况。一旦与他人的关系破裂，意识到自己的错误之后，孩子就要主动承认错误，而不要为自己辩解。因为一味地辩解只会让受到伤害的人更伤心，而唯有主动承认错误，才能帮助自己真正赢得他人的原谅。正如事例中欣欣妈妈所说的，就算道歉之后没有赢得谅解，也应该道歉，这是犯错之后必须承担的责任。

总而言之，人与人之间相处绝不是件容易的事情，每个孩子要想拥有好人缘，就要会说话，懂得人际相处之道。真正犯错了，就马上道歉，即使不能赢得他人谅解，也能表明自己积极认错的态度，从而让他人知道我们是知错的。唯有摆正态度，表明态度，事情才能朝着积极的方向发展。

怎样绘声绘色地说话

　　周末，妈妈带着小蕊去商场里玩，恰巧遇到了小蕊的同学朱莉。看到朱莉，小蕊高兴极了，当即夸张地告诉朱莉："嗨，朱莉，你知道吗？我家有两只小仓鼠哦！"朱莉兴趣浓郁，当即问道："仓鼠是什么样子的？"小蕊继续兴奋地说："仓鼠特别可爱。"但是，朱莉却一脸懵懂："特别可爱，到底是什么样子呢？"小蕊还是坚持说："就是特别可爱啊！"

　　显而易见，小蕊这样的回答根本无法满足朱莉的好奇心。所谓"特别可爱"，是一个非常抽象的词语，既没有告诉朱莉仓鼠的模样，也没有准确形容仓鼠的大小、颜色以及生活习性等。仅仅用"特别可爱"这个词语，只会导致朱莉丈二和尚摸不着头脑。

　　如何引导孩子绘声绘色地说话呢？大多数孩子更多地沉浸在自己的精神世界里，用自以为别人能听懂的话语诉说自己的感受，可是，朱莉没有养仓鼠的经历，甚至根本没有见过仓鼠，所以根本不知道小蕊所说的可爱到底是什么意思。假如小蕊能理解朱莉对于仓鼠的知识一片空白，更加客观和细致地向朱莉描述仓鼠的样子，那么朱莉也许就能想象出仓鼠到底如何可爱了。

"仓鼠非常可爱，它们身材很小，刚刚出生的仓鼠还没有一个鸡蛋那么大呢，我家的仓鼠是满月的时候买回来的，所以它们和鸡蛋差不多大。不过，经过一个多月的喂养，它们整整大了一圈，已经长得像鹅蛋那么大了。即便如此，它们看起来还是很小，对不对？仓鼠毛茸茸的，就像一个毛球，它们很勤劳，经常主动在它们的'跑步机'上跑步。它们的跑步机是简易的环形，可以转动的，每当它们跑步时，环形就不停地转动。每当跑步一会儿，它们还会站在跑步机的边缘往外看，似乎正在炫耀自己的跑步能力呢……"如果小蕊能这么介绍，那么朱莉一定当即也想去买两只仓鼠养着，这样她就有机会和可爱的仓鼠近距离接触了。也许不等小蕊说完，朱莉就会请求妈妈也为她买两只仓鼠。这是因为这样绘声绘色的描述会打动朱莉的心，也会让从未看过更没有养过仓鼠的朱莉，对于仓鼠非常喜爱。

语言的魅力是无穷的，同样的事情以干巴巴和生动形象的语言说出来，效果是截然不同的。小学生从进入学校开始就学习看图说话，实际上就是在培养他们的想象能力，也提升他们的语言表达能力。那些善于运用语言的孩子，即使面对枯燥的插图，也能发挥想象力，进行生动地表达。

如何言简意赅地表达

随着小蕊语言表达能力的提升，尤其是在进入三年级之后，妈妈发现小蕊说话越来越啰唆。一开始，妈妈以为是小蕊正处于语言发展阶段导致的，后来妈妈才发现小蕊每次写作文都像挤牙膏一样，甚至把同一句话翻来覆去、颠三倒四地重复，从而凑字数。发现小蕊啰唆的根源，妈妈意识到小蕊进入了一个误区，因而决定纠正小蕊。

一天，小蕊拿着完成的作文草稿给妈妈检查。妈妈一边看着作文草稿，一边拿出红笔删除了七八句话。要知道，这七八句话可是小蕊绞尽脑汁才写出来的，为此小蕊非常心疼，忍不住掉下眼泪。妈妈问小蕊："知道为何删除这几句话吗？"小蕊摇摇头，妈妈语重心长地说："小蕊，你们进入三年级才刚刚开始学习写作文，妈妈知道你写作文一定难度很大，但是这不是啰唆的理由。你看看，我删掉的那几句话，其实和你作文留下来的话是重复的。妈妈希望你能言简意赅地完成作文，哪怕比老师规定的两百字少写几十字，也不要养成啰唆的习惯，否则你以后说话也会变得啰唆，好吗？"小蕊意识到妈妈的良苦用心，委屈地点点头。看到小蕊发愁不能交差，妈妈引导小蕊更加细致地描述一件事情，帮助小蕊写出了足够的字数。看到妈妈轻而易举就帮助自己完成了作文，小蕊觉得很惊讶。妈妈笑着告诉小蕊："妈妈会为你选购作文集，这样你写作文的时候，也可以学习人家的经验，渐渐地就不会像挤牙膏一样写作文了。"小蕊抱着妈妈的脖子说："谢谢妈妈。妈妈，你真好。"

很多人形容那些枯燥乏味又很长的作文，像老太婆的裹脚布一样又臭又长。的确，这样的作文纯粹是在用啰唆的方式来凑字数，也许看起来字数很多，实际上却并不精彩。真正优秀的作文，是言简意赅的，是节奏紧凑的，所以才能吸引读者。同样的道理，在语言表达的过程中，我们同样要养成言简意赅的好习惯，这样才能字字千金，掷地有声。

尤其是在现代社会，生活节奏越来越快，工作压力越来越大，很少有人有耐心去听另一个人啰唆。要想提升孩子的语言表达能力，让孩子未来在人际交往中处处受人欢迎，父母就要帮助孩子养成精简表达的好习惯。好习惯养成，必然使孩子终身受益。

学会区别"大"和"多"的概念

　　妈妈还没下班回家呢，就接到了妞妞的电话。在电话里，四岁的妞妞奶声奶气地告诉妈妈："妈妈，奶奶买了很多西瓜等你回家吃。"妈妈当时正忙着处理手头上的一个文件，和妞妞寒暄了几句就挂断了电话。挂断电话之后，妈妈不由得纳闷："奶奶怎么买了很多西瓜呢？买了那么多西瓜，是如何运回家的呢？"下班之后，妈妈回到家里，还没来得及换鞋子，就迫不及待地问奶奶："妈，你买很多西瓜干吗？那么重，怎么拿回来的？"奶奶有些惊愕，说："没有买很多啊，就买了一个西瓜。"妈妈疑惑地说："哎呀，妞妞告诉我你买了很多西瓜，我一下午都纳闷你是怎么把西瓜提回家的。"

　　吃完晚饭，妈妈问妞妞："妞妞，奶奶买了很多西瓜吗？"妞妞点点头，一本正经地说："嗯，很多西瓜。"妈妈抱起大西瓜给妞妞看，说："妞妞，这个一个很大的西瓜，只有一个，不是很多。很多西瓜，是有很多个西瓜，如三四个西瓜，或者七八个西瓜，才叫很多西瓜。只有一个西瓜，但是很大，你要说很大的西瓜，懂吗？"妞妞似懂非懂地看着妈妈。妈妈又以家里的苹果为例子，先是拿出一个苹果，问妞妞："这是几个苹果？"妞妞回答："一个苹果。"妈妈又问："这个苹果大不大？"妞妞夸张地说："很大。"然后，为了给妞妞形成大小的概念，妈妈又单独拿出一个小苹果问妞妞：
"这是几个苹果？"妞妞回答："一个苹果。"妈妈继续问：
"这个苹果大不大？"妞妞回答："不大。"妈妈引导妞妞：
"这个苹果很小，对不对？"妞妞接二连三地点头。

后来，妈妈拿出七八个苹果，让妞妞数一数苹果有几个。
妞妞数完之后把数目告诉妈妈，妈妈说："苹果很多，对不
对？"妞妞点点头。然而，妈妈只留下一个苹果，而把其他苹
果都拿走，又问妞妞："苹果少不少？"妞妞点点头，说：
"嗯，很少。"妈妈笑了，妞妞虽然还不能主动区分"大小"
和"多少"的概念，但是在妈妈的引导下，已经对它们有了初
步理解。后来，妈妈接连几次有意识地引导妞妞复习"大小"
和"多少"的概念，果然，妞妞更容易区分"大小"和"多
少"的概念了。

很多幼儿都无法准确区分"大小"和"多少"，是因为
他们不知道体积和数量的概念有什么区别。在孩子小的时候，
给他们讲述数量和体积，孩子显然无法理解。不如像事例中妞
妞的妈妈一样耐心引导妞妞对苹果的"大小""多少"做出概
括，从而让孩子对于"大小"和"多少"形成初步理解。这样
一来，孩子也许不能准确说出"大小"与"多少"的区别，但
是他们因为对"大小"与"多少"形成初步意识，所以也能大
概区分"大小"与"多少"，甚至正确使用"大小"与"多

少"的概念。

随着年纪的不断增长，孩子们掌握的理论知识也越来越多，总有一天他们会茅塞顿开，也会真正理解自己为何要正确地区分"大小"与"多少"。其实对于孩子的教育而言，很多知识的灌输，都要在潜移默化中进行。很多概念孩子也许不能从理论的高度理解和认知，但是却可以先学会运用，等到知识储备达到一定的程度时自然会领悟其中的道理。最重要的在于，父母一定要以恰当的方式引导孩子，积极地对孩子进行影响和指导。

怎样区分那些容易混淆的概念

周六，小米主动报名参加了学校里的公开课活动，所以早晨需要照常去学校上半天的课程。然而，因为头一天晚上睡得太晚了，小米起床有些延误，因而起床之后只能匆忙地洗漱、吃早饭，然后背起书包就急急忙忙出门。妈妈听到小米打开门下楼梯了，赶紧在门口追问："东西都带好了吗？"小米以为妈妈是问她上课的东西有没有带好，因而回答"带好了"，就头也不回地冲向学校。实际上，妈妈早就和小米说过上午十点钟前后就要下雨，实际上是问小米雨伞带没带。小米误解了妈妈的意思，妈妈听到小米的回答又以为小米带了雨伞，因而没有给小米送伞。

中午放学回家，小米淋得如同落汤鸡，抱怨妈妈没有给她送伞，妈妈也很委屈地说："我早晨明明特意提醒你东西带好了吗，谁知道你理解错了。"小米说："咱们以后还是不要说东西了，就说具体的东西吧，这样才不会混淆概念。"妈妈觉得小米的提议很好，当即表示赞同。

中国文化博大精深，对于那些容易混淆的概念，或者是听起来很抽象的称呼、名词等，别说是孩子了，就连成人都容易搞混。尤其是在某些特定的语境中，误会更是随时有可能发生。那么，如何帮助孩子区分那些容易混淆的概念呢？首先，要帮助孩子真正理解那些容易混淆的概念，这样才能知道那些容易混淆的概念之间有什么区别，也才不容易搞混。其次，在与孩子进行沟通的时候，父母对孩子的表达一定要准确清晰，不要含糊其辞。孩子的理解能力本来就很弱，如果父母表达得又不够清楚，很容易导致孩子陷入理解的误区，也无法准确区分相似的概念。最后，向孩子表达那些容易混淆的概念时，一定要加上特定的形容词或者是介词。例如，如果班级里有两个叫"刘丽"的女孩，那么就可以以"大刘丽"和"小刘丽"作为区分。这样一来，就不容易搞混了。

当然，对于人的区分是最简单的。相比起具体的事物，那些抽象的概念更难以准确区分。在这种情况下，父母要告诉孩子千万不要自顾自地表达，而是要更加注重他人的感受，也要验证他人是否已经真正听懂了自己的的表达。只有及时验证，发现自己的意思与他人的理解之间的偏差才能及时更正或者弥补那些表达不够清楚的地方。

所谓沟通，绝不是自己说得痛快，真正的沟通，要建立在双方相互理解的基础之上，起到传情达意、传递信息的作用。否则只顾着自说自话，就会导致沟通陷入误区，也会导致沟通无法起到应有的效果。

怎样表达复杂的问题

周末，小蕊和妈妈一起去姥姥家里玩耍。妈妈和姥姥出门买菜了，家里只剩下小蕊和姥爷。姥爷还养了一条大狗，平日里很乖巧。趁着妈妈和姥姥不在家，姥爷从冰箱里拿了一些碎肉，准备喂给大狗吃。然而，大狗似乎突然间发狂，居然趁着吃肉的时候，把姥爷的手也给咬了。姥爷的手哗哗流血，姥爷疼得哇哇大叫，不过姥爷还是忍着疼把大狗锁在了笼子里。

小蕊很害怕，当即给妈妈打电话。在电话里，小蕊语无伦次地告诉妈妈："大狗咬人了！"妈妈一听说大狗咬人了，也很害怕，说："咬谁了？你被咬了吗？"小蕊吓得哭起来，继续说："没咬我。咬得都流血了，姥爷大喊大叫，这可怎么办啊？"妈妈非常着急："到底咬谁了？"小蕊才说："喂大狗吃肉，咬姥爷了。这可怎么办呢？"妈妈终于从小蕊零散的话中搜集到简单的信息，当即说："小蕊，你不要害怕，妈妈现在就打120，马上就回家。你先不要哭，不要靠近大狗，把院子的门关好，不要让大狗进入屋子里。"小蕊答应妈妈，然后挂断电话就去关上院子的门。妈妈火速赶到家里，把姥爷送上120急救车，也跟车去了医院，而让姥姥带着小蕊留在家里。然后，妈妈在去医院的途中还报告了相关部门，让他们收容咬人的大狗。虽然姥爷舍不得，但是妈妈态度坚决："既然大狗已经咬人了，尝到了血腥味，就不能让大狗继续留在家里了。"等到姥爷处理完伤口，跟着妈妈回到家里时，大狗已经被带走了。

妈妈对小蕊说："小蕊，看到姥爷被大狗咬了，你能马上通知妈妈，这很好。但是你要注意说清楚复杂的事情，必须按照一定的顺序，也要说明白几个要素，如时间，地点，发生了什么事情，事情的前因后果，这都是要说清楚的。否则，你说话颠三倒四，妈妈听不懂还得问你，反而更耽误时间。不过，你还小，也很害怕，能想起来第一时间打电话告诉妈妈，而不是只顾着哭，已经很不错了。妈妈相信，只要你保持镇定，一定会做得越来越好，对吗？"小蕊得到妈妈的鼓励很高兴，也虚心地接受了妈妈的意见。

小蕊年纪还小，在遇到危急的事情时，虽然也紧张慌乱，但是还知道给妈妈打电话，这一点是值得表扬的。虽然说话颠三倒四耽误了一点点时间，但是好在最终妈妈圆满地解决了问题。当然，孩子语言表达能力的提升绝非朝夕之间的事情，妈妈也需要在事情发生之后最短的时间内为小蕊分析如何把话说得更好，这样小蕊的语言表达能力才会得以提升。

对于复杂的事情，年纪尚小的孩子往往很难说清楚。为了帮助孩子说清楚事情的各大要素，父母应该给予孩子更好的引导。例如，告诉孩子有几个要素是必须说清楚的，包括时间、地点、人物、发生的事件。而在讲述事情始末的过程中，也要注意说清楚事情发生的原因和结果，只要记住这几个关键要素，孩子们就能把事情表达得相对完整。如果需要对某个具体的事物或者人物进行详细的阐述，父母还需要告诉孩子，只有把握人物和事件的特征，才能把一切都描述得生动具体。

任何复杂的事情也都会有清晰的脉络，要想把事情处理得更好，就要把握事情内部的脉络，这样才能在讲述一件事情的时候按照一定的顺序，绝无疏漏。父母一定要教会孩子叙述的方式和要点，孩子才能有的放矢，也才能让讲述主次分明、脉络清晰。

把复杂的事情说得简单

　　小蕊想买一双和果果一样的运动鞋，但是她不知道如何描述自己想要的鞋子，因而就利用周末的时间和妈妈一起去商场采购。到了商场，妈妈让小蕊告诉营业员阿姨想买怎样的样子，小蕊显然被难住了，因为她不知道如何表达。看着小蕊为难的样子，妈妈对小蕊说："小蕊，你可以先告诉营业员你要哪种类型的鞋子，例如是皮鞋，还是布鞋，还是休闲鞋或者运动鞋呢？"在妈妈的提醒下，小蕊告诉营业员："我需要一双运动鞋。"

　　营业员把小蕊带到运动鞋的展柜面前，这时，小蕊又被难住了，因为运动鞋的种类非常多，小蕊一时之间想不到合适的形容词。妈妈继续启发小蕊："你想要的鞋子，有什么特点吗？"小蕊用心想了想，说："鞋底是很轻的那种，就像泡沫一样。"营业员还是不知道小蕊想要什么样的鞋子，只好继续问小蕊："还有什么特点呢？例如鞋面是什么材质的，鞋带是什么颜色的？"小蕊感到很为难，着急地说："鞋面是网格状的，鞋带是彩色的，对了，鞋子上有一个大写的N。"听到这个关键信息，营业员恍然大悟："哦，N是一个牌子，你想要新百伦的鞋子啊，等着，我马上带你去看。新百伦的鞋子的确很漂亮，色彩艳丽，很多青少年都喜欢穿呢！"在营业员的热心服务下，小蕊很快买到了合适的鞋子，她高兴极了。

对于鞋子的描述，最重要的就是字母"N"。毕竟如今大多数运动鞋的材质都相差无几，款式也很相似，而"N"则代表着鞋子的牌子，是很容易把鞋子与其他运动鞋区分开的。所以父母在提升孩子的语言表达能力时，一定要第一时间引导孩子把握事情的重点，这样才能简明扼要地把事情说清楚，也把复杂的问题说得简单。

孩子不但要有把复杂的事情叙述清楚的能力，而且要能够把复杂的事情说得更简单，具有概括和总结的能力。阐述某个问题的时候，要努力概括和总结，把复杂的事情说得简单，让他人也听得清清楚楚。

当然，很多事情并非需要详细阐述，在这种情况下，发挥概括能力就显得很重要。当然，概括和总结的前提是，要对事情有深入的了解，就像小学生做阅读理解一样，如果不能深入了解短文，根本不可能概括出短文的意思。同样的道理，要想让孩子具备总结概括的能力，提升孩子的理解能力是关键，只有在充分理解的基础上，孩子才能进行概括和总结，也才能提炼出自己所要表达的中心思想，从而让表达进展顺利。

对于写作文而言，能把只需一句话就能表达出来的事情写得有血有肉，是一种能力。对于表达而言，能够在表达的时候深入浅出，把复杂的事情说得简单，同样是一种高超的技能。

父母在提升孩子的语言表达能力时，除了要教会孩子说话之外，也要引导孩子精练地讲述事情，从而让孩子的语言表达能力更上一层楼。

"你好吗"这样的问题如何回答

经历了一天高强度的学习，乐乐回到家里，满身疲惫，似乎累得连话都不想说了。妈妈关切地问："乐乐，今天在学校里过得好吗？"不承想，这句话就像导火索一样点燃了乐乐的疲惫和压抑在心底的委屈与愤怒，乐乐反驳妈妈："上学有什么好不好的，你天天问好不好，自己也去上学不就知道了么！"听到乐乐的语气这么厌烦，妈妈觉得受到伤害，当即委屈地喊道："哎哟，你上点儿学就觉得累成这样，你怎么不问问妈妈上一天班还要给你做饭累不累呢？小屁孩，除了会抱怨，还会干什么？！"一场母子间的战争一触即发，妈妈看到乐乐眼眶都红了，忍不住平息怒火，心想：现在的孩子上学的确很累，我也别给他添堵了。

晚上爸爸回家，听到妈妈说起这件事情，决定和乐乐谈一谈。爸爸问乐乐："乐乐，你为何不能好好回答妈妈的问题？"乐乐委屈地说："我怎么回答啊，妈妈的问题根本不好回答。"爸爸语重心长地对乐乐说："妈妈工作一天还要操持家务也很累，还要关心你在学校里的情况，你怎么不知道感恩呢？妈妈的问题很容易回答，只要你有耐心，也体谅父母对你的苦心，你随便说几句，妈妈就会觉得很高兴。例如，你告诉妈妈今天学校中午吃你最喜欢的糖醋排骨了，妈妈也会觉得是很大的安慰。你可能不知道，你生活与学习的点点滴滴，对妈妈而言都很重要……"在爸爸的教育下，乐乐低下了头，意识到自己错了。渐渐地，他每天放学回家都能主动告诉妈妈自己在学校里的情况，与妈妈之间相处得越来越好，母子感情也越来越深了。

生活中，遇到他人的时候，我们或者问他人"你最近好吗"或者被他人问"最近怎么样"，对于这样的问题，既好回答，又不好回答，这是因为要想不认真地搪塞过去很容易，而要想认认真真地回答这个问题却很难。这是因为"好"与"不好"都是一个很宽泛的概念，对于一个人来说的"好"，对于另外一个人而言也许就是"不好"。对于一个人来说的"不好"，再换一个人也许就是"好"。所以当被问及"怎么样""好不好"时，人们往往不知道如何回答，尤其是当孩子被问到这样的问题时，更是有些不知所措。

很多父母在孩子结束一天的学习回到家里时，都会问孩子过得好不好，这是因为父母不知道孩子在学校里的具体情况，只能问得宽泛。如果孩子对于这样的问题不知道如何回答，父母不妨告诉孩子怎么回答都行，既然父母对于孩子在学校里的情况一无所知，孩子就可以挑选出学校生活中自认为值得父母关注和了解的事情告诉父母，也可以在什么都不想说的时候敷衍了事地回答父母"还行"。当然，在亲子交谈中，"还行"这样敷衍到极致的回答还是不要出现为好。如果孩子能体谅父母迫不及待想要了解学校生活的心，就不会觉得父母很啰唆，也不会觉得父母很烦了。父母的爱是琐碎的，也深入到生活的方方面面，孩子唯有体谅父母的苦心，了解父母对孩子真挚深沉的爱，才能与父母更好地相处。

沟通中不要装聋作哑

一天放学，爸爸妈妈开车接上乐乐去奶奶家里，原来爷爷生病了，所以要去探望爷爷。去奶奶家的路上，妈妈叮嘱乐乐："乐乐，爷爷生病了，看病也需要花很多钱，所以去了爷爷家里，如果爷爷再给你零花钱，就不要拿了。"乐乐没吭声，心中暗暗琢磨：如果不要爷爷给的零花钱，爸爸妈妈又从来不给我零花钱，那么我每个月就没有零花钱了。

很久没有得到乐乐的回应，妈妈问："乐乐，你在听我说话吗？"原本，乐乐是想假装没听见，就把这件事情糊弄过去了。但是妈妈都问乐乐有没有听到了，乐乐无法继续装聋作哑，只好回应妈妈："知道了，妈妈。但是我经常需要买文具，也需要零花钱，你和爸爸又不给我……"乐乐鼓起勇气说出自己的困境，妈妈对乐乐说："以后，妈妈也会每个月给你零花钱的，不过没有爷爷给你的多。因为咱们全家都要把更多的钱用于给爷爷治病，都要节省。"听到妈妈的话，乐乐终于放下心来，对妈妈说："好的，只要够我买文具和零花的就行，我也会节省的。"

生活中很多时候，我们并不想听对方说话，然而对方就在我们面前说着，一味地装聋作哑也是行不通的。在这种情况下，回应就是必需的。既可以以"嗯嗯""真的吗""原来如此"等放之四海而皆准的话回应对方，也可以认真思考对方的话，给出正面积极的回应。这样一来，交谈才能顺利进行下去，也才能达到预期的效果。

很多人都曾经听过相声，也喜欢听相声，其实相声的形式就是两个人面对面逗乐子给观众听。相声要想精彩出色，就必须相互回应，而且语言要很精练。由此可以推断，如果人与人的交流也想趣味横生，同样需要有乐趣，更需要不断地互动，才能变得精彩。在相声里，逗哏是很重要的，如果能把逗哏的技巧用于人际交流，那么交流就会更加生动精彩，也充满趣味性。父母在提升孩子语言表达能力的同时，也要更加注重培养孩子对于交流的互动，从而让孩子的参与感更强，也让孩子在交流之中拥有更好的表现。最糟糕的方法就是装聋作哑，因为说话的人总会忍不住正面要求得到你的回应，这种情况下无论怎么假装听不到，都无济于事。与其被动给出回应，不如正面积极地给出回应，也能在交流中占据主动，起到主导的作用。

给人留下乐于沟通的印象

一直以来，莉莉在班级里的人缘都不是很好，这让莉莉非常苦恼，也让莉莉感到很孤单。为何莉莉总是这样呢？实际上，莉莉并非一个缺乏热情和不善于交际的孩子，但是因为莉莉说起话来总是吹毛求疵，而且总是与其他同学之间发生争执，渐渐地，同学们就开始疏远莉莉，也都不愿意和莉莉交流了。

得知莉莉的苦恼之后，妈妈为莉莉进行了深入分析，最终得出结论："莉莉，你应该更加积极主动地与他人交流，尤其是在很多小问题上，不要与他人较真，这样你就会受到欢迎了。"莉莉还是感到困惑：但是，凡事不都是有对有错的吗？我们应该追求真理啊！妈妈似乎看透了莉莉的心思，说："莉莉，其实很多事情都没有绝对的对错，也许在这个人看来是对的，在那个人看来就是错的，这是因为每个人看待问题的角度不同，也是因为每个人的利益出发点不同。你要是想融入其他同学之中，就要更宽容其他同学，也要多多理解和体谅其他同学。当你说出来的话能够说到其他同学的心坎上，你就能赢得其他同学的理解和信任，也就会得到他们的欢迎。"莉莉疑惑地问："妈妈，难道你要求我在其他同学说话的时候，都表示赞同吗？"妈妈笑了："也不是非要赞同，附和即可，当然前提条件是同学所说的不是原则性问题。其实，每个人还都是要坚持原则的，只不过生活中大多数问题都不是原则性问题。"莉莉似乎明白了妈妈的话，缓缓地点点头。

孩子之中，和莉莉一样较真的孩子很多，这是因为他们刚刚形成对错的观念，所以很愿意以对错来判断一件事情，也愿意以对错来坚持自己所谓的原则。事实上，生活中的绝大部分问题都不涉及原则性问题，唯有让孩子拥有一颗宽容的心，才能让孩子更加受人欢迎，也给人留下善于沟通的好印象。

一个人如果给人以拒人于千里之外的感觉，毫无疑问，这样的人会使人觉得难以接近，人缘也会很差。为了帮助孩子收获好人缘，父母应该培养孩子的沟通能力，让孩子乐于沟通，呈现给人喜欢交流的印象，这样孩子才能得到他人的尊重和喜爱，也才能收获友谊。

那么，如何才能给他人留下乐于沟通的印象呢？首先，要教会孩子面带微笑，一个愁眉苦脸的孩子，绝不会被人认为是非常和气友善的，让孩子面带笑容，这是帮助孩子给人留下好印象的最佳途径。其次，教会孩子在与人交流时要与人为善，对于那些无关紧要的问题，没有必要总是与人较真。所谓与人为善，不仅仅指的是宽容对待他人，更指的是能够在言语上表现出宽和，也不刻薄。最后，孩子还要善于沟通，也擅长找出他人感兴趣的话题，这样才能推动谈话顺利进行下去，也才能让交谈更愉快。

所谓沟通，毫无疑问至少有两个人在互动。所以不管担任沟通的哪一方，都要积极地参与谈话，也要主动在谈话中扮演角色，这样才能推动交流顺利进行。当然，决定孩子是否真的善于沟通，是否能给他人留下好印象的，并非只是孩子的单纯表现，而是孩子是否有一颗友善的心。父母一定要教导孩子宽容友善对待每一个人，也积极热情地投入到与他人的交流中，才能让孩子真正给他人留下良好的印象。

给与朋友贴心的安慰

有一天才刚刚到学校，莉莉发现同桌艾米眼眶特别红，似乎刚刚哭过的样子。莉莉不知道发生了什么事情，原本想安慰艾米，又不知道从何开口，只好默默无声地陪伴在艾米身边，小心翼翼地生怕触及到艾米的伤心事。

　　中午午休时，艾米才告诉莉莉："莉莉，我有个秘密要告诉你，你不要告诉别人。"莉莉当即向艾米保证："放心吧，海枯石烂我都不说。"艾米说："我爸爸妈妈要离婚了。"莉莉如论如何也没想到艾米要说的秘密是这件事情，眼看着艾米的眼圈又红起来，莉莉说："艾米，我不知道怎么安慰你，但是我想，爸爸妈妈一定都非常爱你的。那么，你准备和谁一起生活呢？"艾米哭着说："我想和爸爸妈妈一起生活，但是爸爸有了新的家庭，妈妈才要和他离婚的。"莉莉恍然大悟：难道这就是大家说的婚外情吗？可恶的小三！莉莉看着艾米哭得伤心的样子，赶紧安慰艾米："艾米，别哭了，无论怎样，你爸爸肯定都是爱你的。你和妈妈一起生活更好，妈妈会把你照顾得很好。放心吧，你还有我呢，我永远是你的好朋友。"艾米说："如果学校里要开家长会，就只能让妈妈来了，即使开运动会，爸爸也一定不会来的。"莉莉拉着艾米的手："没关系的，艾米，我想你爸爸会来的，如果你爸爸不来，我就让我爸爸也当你的爸爸，给你加油助威，好不好？"听到莉莉的话，艾米不由得破涕为笑。

　　当听到朋友说起伤心的事情时，应该如何安慰朋友呢？如果朋友的考试成绩不好，还可以鼓励朋友再接再厉，而如果朋友遇到的是和事例中的艾米一样的事情，那么安慰就显得有些力不从心了。毕竟对于成人的事情，孩子是根本弄不明白的，所以就只能给朋友依靠，也真正表示理解朋友的苦恼。就像莉莉一样，要在运动会的时候让自己的爸爸为艾米加油助威，也是不错的好主意。

有些人一旦遇到伤心事，就想马上得到他人的安慰，而有些人哪怕在非常悲伤的时候，也只希望自己能一个人待着。对于前者，应该给予他们足够的安慰，而对于后者，则可以给予他们足够的空间，让他们保持安静，恢复冷静。最重要的在于，父母要告诉孩子，当朋友感到悲伤的时候，不管他们是否需要安慰，和朋友一起悲伤，就是最好的选择。朋友会从你的表情甚至是小小的动作中，知道你的理解和宽慰，也会深深地感谢你。

当然，孩子们遇到的伤心事总是不一样的，有的孩子因为要转学而伤心，那么就可以安慰他们现在的通信技术非常发达，可以时常保持联系，还可以搭乘交通工具见面。有的孩子因为生病而错过了春游，那么从春游的地方为朋友带来礼物，也是非常贴心的举动。总而言之，只要处处留心，就能给予朋友更好的安慰，也能让朋友真正消除内心的郁闷，变得快乐起来。

不明白的问题第一时间问清楚

在体育课上，老师把班级同学分成两个小组，并且要求两个小组进行一项竞技运动。在老师讲述规则的时候，周周听得很认真，但是却没有听明白老师所说的规则。因为害怕老师厌烦，周周不敢问老师具体的规则与要求，而是硬着头皮上场了。最糟糕的是，周周是他们组内第一个上场的，这也就意味着如果周周比赛失利，将会给全组都开一个不好的头，导致全组都会落后。果不其然，因为周周把规则搞错了，只好又重新开始，由此耽误了很多时间。等到对方小组的第一个人已经圆满完成任务，周周因为紧张，才完成了一半的任务。全组同学都很生气，因为后来的人即使非常努力，也未必能够挽回因为周周的延误所造成的失误。

比赛结束，周周小组毫无悬念地失败了，小组成员都抱怨周周，周周小声为自己辩解："我没有听明白规矩，我不是故意的。"小组的一个成员说："你没有听明白规矩，为何不在比赛开始前问老师呢！你就是故意的。"周周委屈得哭起来，老师也语重心长地说："周周，下次再遇到没有听清楚规则的事情，一定要第一时间就询问老师或者相关的工作人员，否则你都等到比赛结束了，再来懊悔，还有什么用呢？"周周点点头，说："我下次会提前问的，对不起大家了。"

　　大多数孩子因为年龄和经验的限制，在这种情况下，他们很容易粗心马虎，也常常无法完全集中注意力。在人际交流的过程中，孩子很容易因为一时分心，没有听清楚或者没听明白别人的话，在这种情况下，应该如何做呢？有的孩子比较胆小，对于没有听清楚的问题，他们选择沉默，就这样继续不清楚下去。而有的孩子比较胆大，在遇到没听清楚或者不懂的问题时，第一时间就询问说话的人，希望对方能够复述一遍。当真正听不懂对方的意思时，他们还会请求对方解释。这样一来，他们才能更清楚明白，也才能让自己与他人的交流毫无障碍。

　　遇到听不明白的问题，不懂装懂是最糟糕的选择，这是因为不懂装懂的人往往既欺骗了自己，也导致自己根本无法按照他人所希望的那样去完成任务。如此一来，没有完成任务的结果就是被批评，到时候再解释自己没有听明白要求，可就为时晚矣了。明智的父母当发现孩子有不懂装懂的倾向时，一定要引导孩子第一时间把不明白的问题问清楚，探究到底，这样才有助于孩子彻底了解问题，也才有助于孩子更好地完成任务。总而言之，一时的听不明白带来的是严重的后果，父母也要为孩子树立好榜样，帮助孩子养成凡事寻根究底的好习惯。

学会有技巧地提问

对于这次课堂的内容，雅思听得不是很明白。快要下课的时候，老师按照惯例提醒各位同学："同学们，还有什么不理解的，趁着还没下课，赶快提问吧！"同学们你看看我，我看看你，谁也不想主动提问。雅思很想提问，因为她心中有太多的困惑。看着雅思高高举起的小手，老师问雅思："雅思，你还有什么不明白的？"雅思站起来之后，支支吾吾又说不出个所以然。她问老师："老师，这个课文的内容很难，特别是在第二段。"老师不知道雅思想表达什么，继续问道："你觉得哪里很难，有什么问题？"雅思说："就是很难，我不理解它的意思。"老师无奈地笑起来："雅思，你不明白课文的意思，老师也不明白你的意思。你要认真思考，把自己不明白的地方列举出来，老师才能帮你解答。你坐下来认真想一想，到底有什么难题，然后再告诉老师，好吗？"

雅思皱着眉头又坐到座位上，她除了觉得自己听得稀里糊涂、一窍不通之外，也没有太具体的问题，难怪老师不知道她心中的谜团是什么，也无法为她解开谜团呢！

很多孩子都和雅思一样，时常觉得心中困惑，却又不知道如何总结自己的困惑和疑虑。老师当然希望每个孩子都能发现学习上的疑难杂症，但是老师却无法帮助那些说不出自己到底哪里不懂的同学。在提升孩子语言表达能力的过程中，父母一定要引导孩子学会反思和总结，这样孩子才能及时地发现问题所在，也才能总结出自己到底哪里需要改进。

在提升孩子语言表达能力的同时，父母应该多多引导孩子进行提问，在教会孩子提问的过程中，让孩子掌握提问的关键要素。只有把问题问到点子上，孩子才能得到自己想要的回答，否则一味地感到困惑而找不到答案，只会导致孩子越来越被动。语言沟通既是人际交往的桥梁，也是孩子学习知识的重要方式之一。不管何时，孩子都要学会提问，也要掌握提问的技巧和方式，这样孩子才能最大限度地提升自己的能力，也挖掘出所有学习的潜力，激发自身学习的巨大动力。

学会传递喜悦的心情

豆包才两岁，还不懂得如何传达自己的喜悦之情。有段时间，妈妈发现豆包爱咬人了，时不时地就会给人来上一口。一开始，妈妈以为豆包到了口欲期，或者是因为愤怒的情绪才会咬人。后来，妈妈发现豆包咬人的时候往往很高兴，甚至非常兴奋。在对豆包进行一段时间的观察后，妈妈恍然大悟：原来，豆包是在以咬人的方式传达喜悦的心情。

等到豆包再次兴奋地咬妈妈时，妈妈正色告诉豆包："豆包，不能咬人哦，妈妈知道你很高兴，你可以拍掌，好不好？"说着，妈妈还亲自鼓掌，给豆包作示范。在进行了几次示范之后，妈妈意识到豆包掌握了鼓掌的方法，因而特意拿出一个冰激凌给豆包吃。果然，豆包高兴得手舞足蹈，情不自禁地开始鼓掌。

后来，随着豆包不断长大，妈妈还教给豆包很多种表达高兴的方式，如与妈妈击掌、拥抱，摆出胜利的姿势，绽放笑脸等。在妈妈的引导下，豆包到两岁半的时候，就能够随心所欲地表达喜悦的心情，再也不会随随便便就咬着妈妈不撒嘴了。

孩子的情绪也是非常敏感和微妙的。几个月的婴儿，在看到妈妈愁眉不展的时候，就能敏锐地觉察到妈妈的情绪，因而也绷起小脸。而当看到妈妈笑逐颜开的模样，他们也会立刻放松，心情愉悦。由此可见，婴儿对于情绪的捕捉是非常敏感的。

随着不断成长，婴儿从感受他人的情绪，到自身也拥有丰富的情绪，这种情况下，孩子如何表达情绪呢？为了提升孩子的语言表达能力，父母不要忽略孩子对于自身情绪的表达，要引导孩子掌握表达情绪的方式。当孩子学会利用表情或者肢体动作表达内心的感触后，语言的表达就会更加到位，也会在与他人的沟通过程中占据主导的地位。对于孩子而言，这是至关重要的一步，也会对他们的人生和发展起到关键的作用。

头脑昏昏沉沉时，不要急于表达

一天放学后，莉莉与妈妈之间发生了激烈的争吵。原来，莉莉的期中考试成绩很不理想，妈妈想到莉莉每天放学之后都敷衍完成作业，既不愿意上课外班，也不愿意多做任何课外作业，难免对莉莉意见很大，言语间也就更加严厉了些。

莉莉已经是大姑娘了，很爱面子，听到妈妈这么说自己，她很委屈。尤其是当听到妈妈指责她懒惰时，她大喊大叫道："我懒惰还不是遗传你么，你看看你每天在家里什么事情都不做，都是爸爸在做，你还是先反思自己吧！"其实，这句话刚刚说出口，莉莉就已经后悔了，然而她在妈妈的言语刺激下脑袋昏昏沉沉的，只想着哪句话解恨就说哪句话，根本没有意识到这句话会深深伤害妈妈的心。看着妈妈伤心哭泣的样子，莉莉不知道怎么办，又不好意思和妈妈道歉。就这样，母女俩之间有了隔阂，在很长一段时间之内都没有像之前那样毫无芥蒂了。

很多孩子都会因为学习成绩不理想而被父母批评，在这种情况下，孩子一定不要觉得委屈就对父母口不择言。与此同时，父母也不要打着为孩子好的旗号对孩子颐指气使，否则就会破坏与孩子之间的友好关系。不管是作为父母还是作为孩子，在感到头脑昏昏沉沉的、情绪激动的时候，不要盲目仓促地说一些话。任何时候，唯有保持理性，才能圆满解决问题，而不至于让事情变得更糟糕，甚至完全无法收场。

人是万物的灵长，孩子小时候更亲近和喜爱大自然，随着年岁渐长，他们会逐渐脱离大自然，更加紧密地融入人类社会。因为每个人都是社会的一员，都需要在社会生活中找到自己的位置，也要与他人保持亲密的关系。可以说，是否拥有良好的人际关系，对于一个人的成长是至关重要的，也在某种意义上决定了人生的发展。既然如此，父母在提升孩子语言表达能力的同时，一定要告诉孩子，说出去的话如同泼出去的水，如果觉得自己的状态不是很好，头脑也不够清楚，那么千万不要急于表达。否则覆水难收，往往会让孩子陷入困境之中。

很多人都觉得语言并没有什么了不起的，但实际上，语言就像是一把双刃剑，一旦使用不当，既会伤害他人，更会伤害自己，因此明智的人都会谨言慎行，绝不因为一时冲动就口不择言。尤其是孩子，因为思维的发展速度往往超过语言，所以就更应该学会思考，三思而后言，这对于每个年龄段的人而言都是很有必要的。

面对嘲笑，怎样一笑而过

一天下午放学后，欣欣嘟着嘴巴回到家里，眼睛红红的，一看就是才刚刚哭过的样子。妈妈以为欣欣被老师批评了，赶紧问欣欣："是被老师批评了吗？被老师批评了没关系，老师就像爸爸妈妈一样的，批评你们也是为了你们好啊！"欣欣摇摇头，一声不吭地把刚刚发下的试卷拿给妈妈看，妈妈不由得喜出望外，原来欣欣的成绩非但没有下落，反而还上升了一大截呢！妈妈更不明白了：考试考得这么好，怎么还伤心呢？没想到，欣欣突然哇啦一声哭起来，把妈妈吓了一大跳："欣欣，到底发生什么事情了，赶快告诉妈妈啊，急死妈妈了！是不是有人欺负你了，告诉妈妈，我找他们去！"

在妈妈的询问下，欣欣才说："他们嘲笑我是大胖子，说我是小肥妞。"听到这样的外号，妈妈当然知道欣欣会不高兴，但是妈妈没有表现出来，而是鼓励欣欣："欣欣，面对嘲笑，一味地哭泣是中了对方的奸计，可不是好办法。你应该不以为然地笑一笑，这样那些故意想激怒你的人，坏主意也就落空了。"欣欣说："但是我真的很胖，如何一笑而过呢，我就是个胖子！"妈妈耐心地告诉欣欣："一个人只要健康饮食，保持运动，胖瘦都可以健康，都是不值得担心的。很多女明星也很胖，但是她们却胖出了自信，也得到了无数粉丝的喜爱啊！例如，你最喜欢的范冰冰，就自诩为微胖界女神，岂不是很好吗？妈妈相信你只要多多运动，健康饮食，也会成为微胖界女神，看起来还更匀称，也更健康呢！"在妈妈的安抚下，欣欣意识到哭泣只会招致他人更严重的嘲笑，为此她擦擦眼泪，再也不哭泣了。她发愤图强，一定要让那些嘲笑她的人都惊讶于她的改变。一年多之后，欣欣果然脱胎换骨，曾经嘲笑她很胖的女生们，都羡慕她的好身材呢！

面对他人无情的或者怀着恶意的嘲笑，很多孩子都不能容忍，尤其是当他们年少气盛时，这样的嘲笑简直是火上浇油，让他们崩溃不已。可是，嘲笑别人的人就一定充满自信吗？说不定他们恰恰是因为自卑，才以嘲笑别人的方式为自己打气呢。在这种情况下，父母一定要鼓励孩子充满自信，对他人的嘲笑一笑而过，也要鼓励孩子发现自己的缺点和不足，从而拼尽全力提升自己。唯有采取积极的态度应对他人的嘲笑，孩子们才能真正得到他人的认可与赞美。

孩子们因为身心发育不成熟，所以总是出于各种各样的原因给他人起外号，也因为缺乏对他人的尊重，而嘲笑别人的缺点。当孩子受到嘲笑时，父母应该告诉孩子，嘲笑他人的错误是别人犯下的错，与他们无关，所以他们无需伤心，更不要哭泣。古人云，身体发肤，受之父母。当因为先天不足而遭受嘲笑时，无需伤心，因为任何人都没有必要为自己感到羞愧，而是应该为自己骄傲，相信自己，这样才能在人生的困境中崛起，也真正走出困境。

学会拒绝你的朋友

最近，菠萝苦恼极了，连带着妈妈也非常苦恼。原来，同住在一个小区的孩子樱桃特别喜欢和菠萝玩，几乎每天都要来家里找菠萝，和菠萝玩很长时间。樱桃有些任性，常常把菠萝的玩具弄得乱七八糟就不管不顾地回家，从来不和菠萝一起收拾玩具。最重要的是，樱桃还很霸道，总是要求菠萝听她的话，从来也不尊重菠萝的意见。渐渐地，菠萝越来越不喜欢和樱桃一起玩，有好几次樱桃打电话来询问菠萝是否在家，菠萝都让妈妈回答她不在家。

　　有一天，樱桃居然没有打电话，就直接冲到菠萝家里，还兴奋地大喊大叫："哈哈，菠萝，你最近去哪里呢？我都找不到你，终于找到你了，咱们今天一定要玩到九点钟再去睡觉。"菠萝求助地看着妈妈，妈妈耸了耸肩，因为妈妈也不知道如何拒绝可爱的樱桃。眼看着时间已经过了八点半，菠萝实在忍不住说："樱桃，我要去洗澡了。"樱桃不以为意："你去洗澡吧，我自己在这里玩，等你回来。"菠萝无计可施，只好唉声叹气地去洗澡了。洗澡的时候，他问爸爸到底该怎么办，爸爸说："这是你的家，你有权利决定是否接待某个客人，但是前提是你能果断地表明你的态度，否则你就会像现在一样被动，无法真正施展主人的权利。"菠萝似乎领悟到爸爸的意思，洗完澡之后，他鼓起勇气对樱桃说："樱桃，我要睡觉了，请你回家吧！"原本，樱桃还想继续玩一会儿呢，菠萝接着说："樱桃，以后我不想和你玩了，请你不要再来我家了。"樱桃显然没想到菠萝会这么说，因而很惊讶地看着菠萝。她尴尬地离开菠萝家，后来很久都没有再来过。

菠萝对爸爸说："虽然我这么拒绝樱桃不太礼貌，但是樱桃总是这样不管不顾，我也很苦恼。说完了之后，我觉得有点儿对不起樱桃，但是心里是很轻松的。我想，我做的是对的。"爸爸对菠萝点点头，说："这是你的选择，也是你的决定，你要相信自己。"

别说是孩子了，现实生活中，很多成人都不懂得拒绝，也因此让自己陷入被动的局面之中无法自拔。随着不断地成长，孩子开始有了主见，对于朋友的选择也有了偏好。他们总是更喜欢一些朋友，也对另一些朋友唯恐避之不及。在这种情况下，一味地委屈自己去成全朋友显然是行不通的，因为如果遇到一个神经大条、听不懂暗示的朋友，孩子就要一直受折磨。

在拒绝他人时，切勿含糊其词，要将拒绝明确地表达出来，这样才能更清楚地表明自己的意思，也才能让对方彻底明白。当然，对于敏感的、一点即通的朋友，就无须使用这样赤裸裸的拒绝方式。只要能够达到拒绝的目的，还是应该因人制宜，也照顾到对方的感受。

不想与某个人见面时

寒假到了，妈妈原本想带着豆包回娘家过年，但是豆包无论如何也不愿意去。妈妈不明就里，问豆包："难道你不想见一见姥姥和姥爷吗？你不想念他们吗？"豆包想了想，认真地说："我当然想姥姥和姥爷。"妈妈继续问："那么，你为何不愿意回老家呢？"豆包郑重其事地说："我是不想见到姥姥和姥爷的邻居，他们每次见到我都会用手捏我的脸。"听到豆包的回答，妈妈不由得笑起来："不想见到邻居，那好办呀，我们不去邻居家里做客，不就好了么！"然而，豆包把头摇得如同拨浪鼓："不行，他们也会来姥姥、姥爷家的，还是会捏着我的脸，我不喜欢他们。"看到豆包分析得有道理，妈妈便也没有强求豆包，而是灵机一动想出一个更好的办法："那么，我们把姥姥、姥爷接到咱们家里过年，好不好？"豆包这下子可高兴了，连连点头，口里不住声地喊着："好啊，好啊，太好了！"

虽然豆包不愿意去姥姥、姥爷家里的理由很奇怪，但是妈妈决定尊重豆包的意见，毕竟总被人捏脸会很不舒服，为此，妈妈还特意告诉姥姥、姥爷见到豆包之后不要捏豆包的脸呢！

当不想见到某个人的时候，你会找个借口说自己很忙，还是直截了当告诉对方你暂且不想和他见面？显而易见，前一种方式是更委婉的，但是只适用于那些冰雪聪明、悟性极强的朋友。后一种方式直截了当，也许会伤害了朋友的心，所以最好不要用在敏感类型的朋友身上，而要用在性格耿直，说话喜欢开门见山的朋友身上。这样才能真正拒绝朋友见面的请求，也能表达清楚自己的意思。年幼的孩子还不懂得什么叫作迂回曲折，因而当孩子不想与某个人见面时，父母只需要引导孩子如实表达心声即可。有很多人都觉得孩子的感受不值一提，但实际上，孩子的感受也是值得尊重的，因为孩子作为一个独立的生命个体，应该受到每个人的尊重。一个孩子，只有从小说出感受时被人尊重，才会更加看重自己的感受，也不会委屈自己。否则，如果父母总是习惯性地忽略孩子的感受，一定会让孩子越来越封闭自己，甚至从不谈起自己的感受，对于孩子的健康成长而言，这无疑是极其不利的。

　　不想与他人见面的原因有很多，有的人是内疚，有的人是心虚，还有的人索性是突然厌恶某个人了，或者不想与某个人、某件事情捆绑在一起。不想与他人见面时，适当地疏远对方无疑是很好的选择。不过，当对方毫不知情也不能敏感意识到你的心态时，这样委婉拒绝的方式可能效果并不显著。因为你很有可能被所谓的人情捆绑，或被他人的主动所控制。当然，还有相当一部分孩子不愿意与某个人见面，又不能不与某个人见面，实际上是因为他们很依赖他人。如果是基于这样的情况而被动地与他人捆绑在一起，就应该首先提升自己的独立能力，这样才能让自己作为独特的个体区别于他人。

第11章　口才提升练习五：顺利表达自己的想法

明确说出自己的诉求

中午的时候，莉莉突然觉得头昏脑涨，很难受，为此，她当即去办公室里向老师说了自己的情况。听完莉莉的讲述，老师感到疑惑地问："那么，你是什么意思呢？"莉莉不由得呆住了：是啊，我是什么意思呢？老师继续问："你是想让我给你找一些药吃，还是想让我给你妈妈打电话，来学校里接你呢？"莉莉这才意识到老师说的"什么意思"是什么意思，想了想，说："老师，下午第一节课是英语课，我想让你给我妈妈打电话，让她下了英语课来接我。"听到莉莉的回答，老师明白了莉莉的意思，当即拨通了莉莉妈妈的电话，让莉莉自己和妈妈说。

有了刚才与老师交流的经验，莉莉这次表达得非常通畅。她在电话里告诉妈妈："妈妈，我好像感冒发烧了，头特别疼。我们两点上英语课，您两点四十到学校来接我好吗？我想上完英语课回去。"听完莉莉的表述，老师夸赞莉莉："这次很棒，莉莉。记住了，下次再与他人说话时，一定要先问问自己想得到怎样的处理方案或者解决方案。不然，你只是讲述了事情，而没有说出自己的诉求，别人很难帮到你啊！"

生活中，很多孩子都会出现这样的问题，即表达的时候尽管能把事情说得很清楚，却没有说清楚自己的真实诉求，导致掩盖了真实想法。其实，每个孩子在遇到难题想要表达的时候，都是为了实现自己的愿望，得到切实有效的帮助。所以真正的表达，一定要有目的，所谓不忘初心，方得始终，用在这里也是很合适的。

在引导孩子表达的过程中，如果孩子忘记了自己真正的想法或者想要达到的目的，父母也可以多多引导和提醒孩子。例如，孩子告诉妈妈："妈妈，我今天中午要在学校吃饭。"妈妈不要直接给孩子吃午饭的钱，而是要问孩子："哦，那需要怎么办呢？"或者也可以问："好的，你需要妈妈做什么？"这样一来，孩子就能理所当然地说出自己的真实想法，妈妈也就可以切实有效地帮助到孩子，这才是孩子最初的表达目的所在。除了语言习惯导致这种情况出现之外，还有些孩子是因为思维发展的局限，使得他们不知不觉间就忘记自己真正要表达的意思。不管出于哪种情况，父母都要充当孩子的引导者，要对孩子付出足够的耐心与爱心，才能不断地引导和帮助孩子健康成长，全方面发展。

清楚说出选择的原因和结果

　　周末，妈妈陪着乐乐去商场里买鞋子。乐乐同时看上了两双鞋子，原本，妈妈是可以帮乐乐同时买两双鞋子的，但是看到乐乐纠结的样子，妈妈又改变了主意，决定让乐乐一定要从这两双鞋子里做出选择——只能买一双。

　　乐乐面对着两双鞋子，思来想去，觉得两双都好。他无助地看向妈妈："妈妈，你觉得哪一双好呢？"妈妈不置可否："我觉得哪双都挺好，但是让我买的话，我哪双都不会买，因为我喜欢穿高跟鞋，对运动鞋不感冒。所以，你必须自己经过思考做出选择。"乐乐听到妈妈的话说了相当于没说，不由得紧皱眉头。妈妈提议："既然你这么纠结，不如就列一张表比较一下吧，这样也更有利于权衡。"乐乐疑惑地看着妈妈，不知道妈妈是在说真的，还是在讽刺他呢！看到妈妈如同变魔术一般从包里拿出一张纸和一支笔，乐乐才知道妈妈是动真格的了。

　　妈妈对乐乐说："你就从你最在乎的几个方面，对鞋子进行比较吧，如鞋子的样式、颜色、材质、价格等。只要你一条一条去列举，你总会得到答案的。"乐乐看到妈妈满脸真诚，真的开始列举。经过一系列的比较，乐乐最终选择了一双鞋子，妈妈高高兴兴付款之后，就花了比舍弃的那双鞋子更多的钱，请乐乐吃了一顿大餐。乐乐很困惑："妈妈，早知道吃饭要花这么多钱，还不如回家吃呢，就可以买两双鞋子，也省得我比较了。"妈妈语重心长地对乐乐说："乐乐，这可不是一码事啊。吃饭的钱归吃饭的钱，买鞋子的钱归买鞋子的钱。其实，妈妈不是不能帮你买两双鞋子，只是妈妈觉得你需要借此机会学会选择。有人说人生就是由一个又一个选择组成的，如果在两双鞋子之间都无法做出选择，你可想而知自己未来面对选择会多么被动。"听了妈妈的话，乐乐情不自禁地给妈妈点赞："妈妈，我的确很难选择，不过真的选择之后，也觉得很轻松。"妈妈笑了："等你依靠自己做出选择的次数越来越多，你就会更加轻松地面对选择了。"

　　妈妈真是用心良苦，为了培养乐乐选择的能力，不惜在售货员异样的眼神中等待乐乐自己去分析每双鞋子的优势和劣势，也有效地提升了乐乐的选择能力。售货员看到孩子这么纠结，妈妈还坚持让孩子选择，一定会觉得妈妈狠心，也抠门呢！其实，妈妈只是为了提升乐乐的选择能力，为乐乐未来面对选择的果断做准备呢！

　　的确，人这一生之中总要面对形形色色的选择，而如果不能在诸多的选项中果断地抉择，而是犹豫不决，就会非常痛苦。从心理学的角度而言，之所以出现选择恐惧，是因为内心想要的太多，无从取舍，所以要想帮助孩子提升选择能力，不但要让孩子看到各个选项的优点和缺点，更重要的是让孩子果断取舍。在最开始进行选择训练的时候，把各个方面的因素都写下来，列举比较，无疑是很好的选择。孩子的成长原本就是漫长的过程，也充满艰辛，因而父母一定要给予孩子足够的耐心和支持，才能引导孩子走出困境，帮助孩子不断成长。

学会不伤和气地为自己辩解

自从搬了新家之后，乐乐上学从此前的走路十分钟，变成了开车三十五分钟，为此，爸爸每天为了送乐乐，都要六点钟起床洗漱吃饭，才能保证七点半之前把乐乐送到学校。然而，今天正好天气状况恶劣，下着小雨，因而路上大堵车。爸爸六点四十开车出发，直到七点四十五，才把乐乐送到学校所在的巷子口。乐乐背起书包狂奔去了教室，然而，老师已经先于乐乐到达教室了。看到乐乐满头都是雨水和汗水，老师生气地批评乐乐："你这个孩子肯定是睡懒觉了，起得这么晚，跑得这么急，为何不能早点起床，按时到校呢？"乐乐一直低着头向老师道歉，没有为自己辩解，其实他心里很想告诉老师：老师，我家住得远了，已经提前出门了，而且遇到堵车。但是他想起下车之前妈妈叮嘱他的话：不要刻意辩解，不然会被老师误会为狡辩。乐乐只好把想说的话又咽回肚子里。

等到下午放学的时候，恰巧老师来教室里检查打扫卫生的情况，乐乐正在教室里擦玻璃。为此，乐乐再次向老师道歉，告诉老师："老师，对不起，今天下雨，又遇到大堵车了。"老师问："你不是步行来学校吗？堵车关你什么事情？"乐乐小声说："我们家搬家了，新家距离学校开车三十五分钟。我们六点四十出门的，一般七点十分就能到校。没想到今天这么晚，很抱歉。"听到乐乐的话，老师意识到自己误解乐乐了，当即问道："那你几点起床？"乐乐回答："每天早晨六点起床。"次日，老师还以乐乐为榜样教育那些家住得近却经常迟到的同学。

如果乐乐在早晨迟到被老师批评的时候，就当着同学们的面向老师辩解，那么很有可能引起老师的误会，使老师觉得他是在狡辩。幸好妈妈提前叮嘱乐乐不要解释，才避免了又一场争执。到了下午，老师已经对于迟到没有那么生气了，而且教室里大多数同学都离开了，只有几个同学在打扫卫生。这种情况下，乐乐再向老师解释，也因为乐乐已经接受了批评，所以老师当然不会觉得乐乐在故意狡辩。

生活中，误解每时每刻都在发生，父母应该教会孩子拥有宽容的心，而不要一旦遭受小小的误解，就歇斯底里。谁不曾被误解过呢？谁又不曾感到委屈万分呢？只有吃得苦中苦，才能成为人上人，也只有吞咽下所有的委屈，才能成为真正的强者，拥有钢铁般的内心。当然，要想给予孩子好的影响，父母首先要有大格局，不要凡事都当着孩子的面较真，否则一定会导致孩子也斤斤计较，甚至为此陷入苦恼之中。

懂得说出事实，澄清误会

班级里，叮叮当的作文书丢了，他的同桌勋勋有一本一模一样的作文书，为此很多同学都猜测是勋勋偷走了叮叮当的作文书。对此，勋勋感到很郁闷，他几乎向每一个同学强调作文书是自己的，但是同学们都以怀疑的眼神看着他。勋勋很苦恼，中午吃完饭，躲到没人的地方偷偷给爸爸打了个电话，寻求爸爸的帮助。爸爸告诉勋勋一个很好的办法证明书是自己的，勋勋按照爸爸说的去做，果然赢得了同学们的信任。

勋勋趁着中午自习的机会，把书交给班长，然后对全班同学说："这本书是我爸爸给我买的，我接下来就要证明这件事情。书中有很多痕迹，班长随便找出一个痕迹，我都能说出那个痕迹在哪一页，也能说出那个痕迹产生的由来。"同学们觉得难以相信，当即起哄班长开始考验勋勋。果然，班长说起书中有一页被撕坏了，勋勋说："那是第十六页，是我的小妹妹撕坏的，当时我还打了小妹妹的手呢！"班长仔细在书中寻找，居然找到一处如同黄豆粒般大小的紫黑色污渍，勋勋说："这个污渍是爸爸妈妈带着我和妹妹去香港旅游时，吃蚵仔煎的时候滴落在上面的，那天中午我们没有在餐厅吃饭，而是买了蚵仔煎坐在路边吃的。"……班长接二连三找出书中好几个痕迹，勋勋都说得一板一眼，毫不犹豫。班长最终总结："这本书的确是勋勋的，他说的每个痕迹都很对，页码也对。"就这样，勋勋在辩解无用之后，成功地以事实证明了书的确是自己的，也让那些说闲话的同学都闭上了嘴巴。

没有人喜欢就算浑身长满了嘴巴都无法为自己解释清楚的感觉，也没有人喜欢即使跳进去黄河也不能为自己洗清的感觉。然而，现实生活中，这样的误会偏偏时常发生，那么在我们说出去的话得不到他人的信任时，一味地辩解和反复地强调事实，有用吗？反而可能被诬陷做贼心虚，所以每当被误解到极致的时候，最好的方法不是反复地强调自己的清白，而是用事实为自己代言，证明自己的确是无辜的。

人们常说，眼睛看到的不一定是真的，耳朵听到的也不一定是真的，就算是事实，也常常摆在所有人的眼前，也蒙蔽着所有人的眼睛。因此，要想证明自己的清白，我们还要擦亮自己和他人的眼睛，让事实准确无误地呈现在他人的面前，这样一来，一切才是更有说服力的。记住，清者自清，并非是任由真相随波逐流，而是要把真相摆出来，让真相进入每个人的视野，也得到每个人的认可。

面对争执，如何化解矛盾

在大课间里，同学们都玩得很高兴，还有几个同学玩起了老鹰抓小鸡的游戏。突然，勋勋踩到了叮叮当的脚，叮叮当痛得哇哇大叫，喊道："你干吗踩我的脚啊，你是不是眼睛瞎看不见啊！"原本，勋勋还准备向叮叮当道歉呢，一听到叮叮当的话，勋勋马上也翻脸了："你才眼睛瞎呢！不就是踩了你一下么，你至于这么恶毒吗？"说完，勋勋随手拿起一本书朝着叮叮当的头上砸过去。转眼之间，勋勋和叮叮当就扭打在一起，其他同学赶紧去把老师找来调解矛盾。

这样的情形在学校里并不少见，尤其是孩子们年少气盛，一旦谁不小心伤害了谁，又出言不逊，就很容易导致矛盾加剧，发生争执，甚至双方不管不顾地打起来。而等到事情过后，他们平静下来，又都会感到懊悔，毕竟同学之间并没有深仇大恨，只是有小小的矛盾，为何就引起如此严重的后果呢？

最根本的原因在于，事情发生的时候，双方都不够冷静，都太过于冲动。

父母要想引导孩子控制情绪，也帮助孩子建立良好的人际关系，就一定要告诫孩子成为情绪的主人，主宰情绪，而不要任由情绪如同脱缰的野马一样，变得无法控制。常言道，冲动是魔鬼，一个人一旦冲动，就会被情绪驾驭着，做出让自己后悔的事情来。从心理学的角度而言，愤怒也会使人的智商瞬间降低，导致人原本可以做出圆满的解决方案，结果却因为愤怒而完全失去理智，也导致事情陷入困境。

那么，如何解决矛盾和纠纷，保持平静呢？首先，父母要给孩子树立榜样，不管多么激动和冲动，都要杜绝喊叫，如果情绪实在太激烈，可以等到情绪恢复冷静时，再开口讲话。记住，情绪失控的时候，宁愿闭口不言，也不要肆无忌惮地说话。其次，在他人说话的时候，要保持倾听，而不要总是插话，从而打断他人的思路，也给他人留下恶劣的印象。再次，即使内心冲动，也要保持思维的理性和语言的条理，否则颠三倒四的混乱语言只会让一切更糟糕。最后，要设身处地地为对方着想，必要的时候主动让步，从而才能寻找到共赢互利的解决方法，取得圆满的结果。记住，既然抱怨和愤怒都对解决问题无济于事，为何不能保持内心平静，从而最大限度地圆满解决问题呢？就算不能彻底解决问题，也可以让沟通在愉悦的氛围中进行，这一点是很重要的。民间有句俗话，叫作买卖不成仁义在，实际上对于孩子来说，友情才是永恒的，不管什么矛盾和争执都只是暂时的。解决的方法越是得当，不愉快也就消散得越快！

觉得一切很糟糕，不如变换心情

自从升入高年级，乐乐就开始独立上学和放学，再也不用爸爸妈妈接送了。为此，爸爸妈妈也轻松很多，给乐乐配备了家门钥匙，他们再也不用提前下班急急忙忙赶到学校或者赶回家了。然而，这一天对于乐乐而言简直就是倒霉日。在放学回家的路上，乐乐被路过的汽车溅了一身泥，浑身都脏兮兮的。到家之后，乐乐又发现自己的钥匙因为早晨上学太匆忙，忘记拿了。最糟糕的是，乐乐的手机还没电了。乐乐一心只想着：怎么办？怎么办？作业那么多，如果我不能回家，就没办法完成作业了，晚上就不能睡觉了！这么想来，乐乐几乎要急哭了，却不知道如何有效地解决问题。

正当此时，乐乐还觉得肚子有点儿疼，特别想上厕所。他急得在家门口团团转。正当此时，楼上的邻居路过乐乐家门口，看到乐乐这么着急的样子，问乐乐怎么了。得知乐乐的不凑巧，邻居主动邀请乐乐："小帅哥，去我家上厕所吧，还可以用我的手机给你爸爸妈妈打电话，然后在我家写作业。等爸爸妈妈回家，让他们来我家喊你就行。"乐乐尽管对邻居很眼熟，也不敢直接去邻居家，因而小脑袋瓜子不停地转着，问邻居："我可以先用你的手机给爸爸妈妈打电话吗？"邻居当即拿出手机帮乐乐拨号，乐乐告诉爸爸自己要去楼上邻居家里写作业后，这才放心地跟着邻居去到人家里。

到了邻居家，乐乐觉得一切问题都迎刃而解了。他上了厕所，开始写作业，一直等到爸爸妈妈喊他，才回家。爸爸妈妈非常真诚地感谢邻居，邻居表示欢迎乐乐再次遇到糟糕的情况时，去他家求助。

很多时候，生活都是不让人如意的，尤其是那些糟糕的情况，往往会一股脑儿地涌来，让人感觉应接不暇。实际上，越是在紧要关头，越是要保持头脑冷静，这样才能想出办法应对糟糕的情况，否则急得如同热锅上的蚂蚁一样团团乱转，脑袋嗡嗡直响，如何还能想出好办法来呢！

事例中的乐乐还是很聪明机智的，他知道不能跟随陌生人回到家里，或者进入封闭的空间，因而先打电话告诉爸爸自己的去处，也征求爸爸的同意，然后才跟着楼上的邻居回家。在一生之中，每个人都会遇到各种突发或者意外情况，尤其是孩子往往比较粗心，更容易遇到突发情况。在遇到紧急情况时，一定要告诫自己保持冷静，而不要让自己无比慌乱，最终做出错误的决定。所谓天无绝人之路，就告诉我们遇到任何情况都要保持理性，而不要总是觉得如临大敌。也许随着时间的流逝，很多看似无解的问题都会得到圆满解决，所以杞人忧天完全没有必要。

如何面对批评和责骂

　　周末，乐乐家里来了大客人和小客人，乐乐和小客人玩得不亦乐乎，写作业的时候三心二意，居然把最重要的一项作业忘记了。而就在上个星期，乐乐刚刚因为忘记完成某一项作业被老师严厉批评，此时此刻已经是周一早晨，距离上课还有十分钟，乐乐无论如何也无法补完作业，这可怎么办呢？

　　连续两周都有一次忘记完成作业，乐乐似乎想到自己会被老师骂得很惨，也想到了很多种理由，但是没有任何理由能够帮助他免于批评。思来想去，乐乐决定主动向老师承认错误，至少这样显得有担当，也有主动认错的态度。为此，早读课才下课，乐乐就主动找到老师："老师，对不起，我忘记完成练习册上的作业了。您批评我吧，我知道不管怎样都不能忘记完成作业，我下次一定万分注意，再也不犯这样的错误。再遇到周末，我一定把一切事情都放在后面，先完成作业。您能不能宽限我半天的时间，我会利用中午休息的时间完成作业，然后送到您的办公桌上的。"听到乐乐已经主动认错，而且没有想出任何理由狡辩，老师也无法批评乐乐了，只好对乐乐说："好吧，下不为例啊，一点前把作业送到我的办公桌上。"看到老师这么轻易就原谅了自己，乐乐简直觉得欣喜若狂：原来，主动认错真的比辩解的效果更好啊！但是乐乐也提醒自己再也不能犯这种低级的错误了。

当意识到自己有可能被批评或者指责的时候，与其一味地为自己辩解，导致自己遭受更严厉的批评和指责，还不如主动承认错误，这样一来也就能够最大限度地争取到对方的宽容和谅解，也避免了自己陷入尴尬的境遇。当然，只是承认错误远远不够，还要向对方表明自己将会如何弥补错误，以及未来怎样避免再犯同样的错误。就像事例中的乐乐一样，如果只是道歉而不去补写作业，那么老师根本不会原谅他。乐乐之所以能得到老师的谅解，是因为乐乐主动提出在规定时间内补完作业，又主动表示以后不会再犯同样的错误，这就相当于向老师做出了严肃认真的检讨，老师当然没有必要揪着乐乐的错误不放啦！

在反省错误时，孩子一定要非常认真诚恳，道歉的态度也要真挚，而不要给人敷衍了事的感觉。否则，道歉变成了形式主义，反而更容易引起他人的反感，也导致他人彻底怒火中烧。记住，真诚是人际交往的基础之一，不管是怎样的人际关系，都要以真诚为基础展开，而绝不能虚伪。在提升孩子的语言表达能力，教会孩子如何应对批评和责备时，父母也要引导孩子以真诚的态度待人，这样孩子才能得到他人的真诚对待。

第12章　口才提升练习六：让说出的话有条理性

怎样让别人用心倾听你的话

下个周一，就轮到小米组织班会活动了。为此，小米早早开始准备，还精心准备了两个小故事，打算在老师说完重要的班级事务之后，讲给同学们听。然而，老师在班会上公布了周三要去春游的事情，为此同学们马上就沸腾了，小米看到大家兴奋不已的样子，觉得自己根本控制不住局面。看着同学们交头接耳，又看到老师期望的眼神，原本声嘶力竭在喊叫着让同学们安静下来的小米，看到自己的努力根本没有任何效果，急得都忍不住要哭出来了。

这个时候，小米突然想起来妈妈曾经告诉过她，如果想要吸引他人的注意力，就要压低声音，小声说话，那么他人就会情不自禁地保持安静，也全神贯注地侧耳倾听。当时，小米根本不理解妈妈所说的话的意思，然而眼看着班级里同学们就要失控，小米只好死马当作活马医。果不其然，有几个敏感的同学看到小米突然压低声音开始说话，都把竖起来的手指放在嘴边，提醒其他同学保持安静。就这样，教室里很快恢复了安静，小米也流畅地开始了自己的主持。

对于妈妈的教诲，小米尽管最初并不了解，却牢牢记在心中，也能够在恰当的时候有效地运用。对于小米而言，很久才能轮到她主持一次班会，她是非常珍惜主持机会的，也愿意最大限度地发挥自己的能力和力量。但是小米也很清楚，如果同学们继续嘈杂下去，没有人能真正听到她在说什么。正因为掌握了表达的技巧，小米才能卓有成效地控制住场面，也让自己的主持工作顺利进行。

每个人都希望自己在讲话的时候，整个环境都能安静下来。但是人们偏偏很容易兴奋，尤其是孩子们聚集在一起更是难以集中注意力听某个人讲话。与其声嘶力竭地喊叫，不如反其道而行之，压低声音，反而能够让自己得到更多人的倾听。父母告诉孩子的语言表达技巧，也许不经意间就能派上大用场呢！

表达细致清晰，别人才能听得明白

暑假里，妈妈带着小米去海南游玩了一个星期。这是小米长这么大以来第一次亲眼看到大海，为此小米非常兴奋，迫不及待地走到海边，感受清凉的海水和温暖的细沙。

当天晚上，小米兴致勃勃地给爸爸打电话。爸爸问小米："小米，你喜欢大海吗？在你眼里，大海是什么样子的？"小米兴奋地在电话里告诉爸爸："爸爸，爸爸，大海特别大，我喜欢大海。"爸爸继续追问："小米，你眼中的大海是什么样子的呢？"小米继续重复："大海特别大！"爸爸有些无奈，只好引导小米："小米，大海里的水是什么颜色的？大海是什么味道的？大海里有些什么呢？"小米被难住了："爸爸，我没有注意到啊！"爸爸笑了，说："既然没注意到，那么你明天继续仔细观察，好不好？然后再告诉爸爸。除了爸爸说的这些方面，你还可以观察得更仔细些，好吗？"小米虽然觉得有些困难，还是接受了爸爸的要求，说："好吧，爸爸，我会尽量仔细的。"

次日，小米很用心地观察大海，等到晚上再与爸爸通电话的时候，她的描述有了很大的进步，比之前细致多了。但是显而易见，这距离爸爸的要求还有一段差距呢。在爸爸的鼓励下，小米再接再厉，每天白天，她都和妈妈四处游玩，看美景，享美食，还吃了很多此前没有吃过的海鲜类产品。到了晚上，她就和爸爸打电话汇报一天的行程，也详细地把一天的见闻讲述给爸爸听。一个星期下来，小米的表达能力大幅度提升，都可以口述简单的游记了。

要想提升孩子的语言表达能力，让孩子的讲述更为认真细致，作为父母，在日常生活中有很多机会可以引导孩子。哪怕孩子没有四处旅游，只是在小树底下观察蚂蚁，父母也可以要求孩子讲述观察到的一切。孩子语言表达能力的提升不是朝夕之间就能完成的，父母唯有耐心和用心，才能不断地激励和引导孩子提升自我，完善表达能力，也让孩子在语言表达方面获得长足的进步。

很多父母总是对孩子缺乏耐心，尤其是当孩子断断续续表达，而无法流利连贯地说出自己的心声时，父母往往迫不及待地为孩子代劳。殊不知，对于孩子而言，他们的成长和能力的提升都是有节奏的，父母既然爱孩子，就一定要尊重孩子的节奏，更要以恰当的方式引导孩子，才能帮助孩子成长和进步。正如古人所说，不积小流，无以成江海，不积跬步，无以致千里。父母唯有最大限度地坚持，才能收获孩子的成长。

要让说出的话被理解和接受

周末，姑姑带着女儿小蕊来小米家里做客。小米最喜欢和小蕊一起玩了，小蕊比小米小两岁，是小米的表妹，所以每次小蕊一来，小米就会拿出自己的所有玩具、好吃的、好喝的，招待小蕊。对于小米的热情款待，小蕊也总是很受用。

中午吃饺子，小米和小蕊玩了一会儿，决定带着小蕊包饺子。为了不浪费粮食，小米决定先用橡皮泥来练习包饺子。然而，小米为小蕊演示了好几遍，小蕊都无法做到。小米不由得着急了，生气地训斥小蕊："小蕊，你真是个小笨蛋啊！"听到姐姐训斥自己，小蕊伤心地哭起来。姑姑闻讯赶来，问小米怎么回事。弄明白事情的原委后，姑姑忍不住笑起来，对小米说："小米，你只是演示，小蕊还太小，不懂得如何总结和学习。你应该再以语言阐述经过，这样双管齐下，小蕊才能做得更好些。"说完，姑姑还给小米进行演示，告诉小米怎样才能教会小蕊。果然，在妈妈的指点下，小蕊进步神速，一会儿就学会用橡皮泥包饺子了。后来，小米和小蕊一起包了很多饺子，中午吃着自己包的饺子，她们都觉得特别香呢！

对于孩子而言，因为理解和表达能力有限，所以他们想要真正了解一件事情，并且把事情做得恰到好处，是很困难的。那么让孩子复述一件事情，并且把步骤教给他人，则无疑是难上加难。这意味着孩子不但要理解事情，而且要能把事情复述出来，并且还要保证自己的复述被另一个人所理解，并且能够在细节方面面面俱到，得到另一个人的贯彻执行。不得不说，这是非常困难的，也对孩子提出了更高的标准和要求。

教会别人如何做事情，首先要求孩子要拥有理解能力，其次要求孩子拥有流畅的表达能力，最后还要求孩子说话字正腔圆，精练表达，传情达意到位。这样一来，孩子才能充当传声筒，也把艰难晦涩的内容通过自己的理解传达给他人，达到让他人理解的程度。唯有同时做到这几点，孩子才能教会他人做事情，也才能让自己说出去的话被他人所理解和接受。

描述事情要有条有理

春游的那天，午后，小米突然紧张地给妈妈打电话，没头没尾地说："妈妈，倩倩丢了。"倩倩是小米的同班同学，也是小米的好朋友，倩倩妈妈和小米妈妈还是同事呢。为此，妈妈当即感到很着急，问小米："倩倩妈妈知道了吗？需要我也过去帮忙寻找吗？"这时候，小米又说："丢了几分钟，又找到了。"妈妈不由得很生气，责怪小米："你这个丫头是不是故意的啊，说话大喘气，气死人了。"小米被妈妈责怪，有些委屈："是倩倩刚才掉队了，老师还批评她了呢！"妈妈说："那你是不是应该有条理地说啊，而不要说一半，留一半，害得我白白担心。而且，丢了，和走路掉队了，完全不是一种情况，你应该说得更清楚一些。"在妈妈的提醒下，小米才意识到自己的表达有问题。

春游结束回到家里，妈妈郑重地和小米就如何表达一件事情进行了沟通。在妈妈的再三提醒和规范要求下，小米渐渐养成了条分缕析地表达的好习惯。从此之后，妈妈与小米的沟通顺畅了很多，小米颠三倒四的表达有了很好的改善。

有条理地表达一件事情，首先要捋清这件事情发生的经过，也要弄明白事情的前因后果。只有按照先后顺序去表达，才能保证事情的基本顺序是正确的。在表达的过程中，还要分清楚轻重缓急，不要像事例中的小米一样先说糟糕的结果，而没有讲述事情的原因和经过，导致别人平白无故地着急。

要想提升孩子的语言表达能力，让孩子清楚地表达一件事情，除了把握顺序之外，父母还要在日常生活中多多引导孩子积累词汇，丰富语言，这样才能做到以词达意。否则，孩子如果总是使用不恰当的词语，对于他们的表达也是巨大的障碍。除此之外，所谓熟能生巧，要想让孩子熟练表达，父母还要引导孩子多多表达，也鼓励孩子积极地进行表达。唯有如此，孩子才能在接连不断的练习中不断地提升自己的表达能力，也真正做到以口述心。

学会复述故事并讲清楚脉络

每天晚上，妈妈都要给小蕊讲故事。才上一年级的小蕊，已经拥有了一定的复述能力。为了强化小蕊听故事的效果，也为了锻炼和提升小蕊的语言表达能力，有的时候妈妈在给小蕊讲完故事之后，还会要求小蕊把故事再复述一遍。然而，渐渐地，妈妈发现了小蕊在语言表达方面有很大的问题，那就是小蕊在复述故事的时候总是颠三倒四，完全没有讲清楚故事的脉络，似乎她的思维就是跳跃式前进的。对此，妈妈一开始以为是小蕊思维太快，而语言表达跟不上思维的速度，后来才发现小蕊是在表达能力方面有欠缺。

为了提升小蕊复述的能力，妈妈开始引导小蕊在听故事的过程中更用心听故事的脉络，甚至还允许小蕊以画画的方式记下主要的故事情节。这个方法非常管用，尤其是当故事比较长的情况下，小蕊总是能够从随手画好的图画中得到启发。此外，妈妈还教给小蕊记忆的方法，告诉小蕊可以以时间为脉络记住事情发展的轨迹，从而帮助小蕊更有效地复述故事。渐渐地，在妈妈的启发和引导下，小蕊讲故事的能力得到了大幅度提高，复述故事的时候，也能够把握主要的情节，做得越来越好了。

因为思维的限制，孩子的总结和复述能力往往不够强，尤其年纪小的孩子，在听故事的时候也许还沉迷于故事的片段，就更无法做到熟悉故事的情节了。对于孩子的这种表现，父母一定不要着急，而要尊重孩子的身心发展局限，也最大力度地帮助孩子突破限制，获得更好的发展。否则，如果孩子总是被父母否定和批评，他们就会更加失去信心，自然无法有效提升语言表达能力。

妈妈的方法很有效，对于还不会写很多字的孩子而言，也许只要随手画些简单的画，只要他们自己能看得懂，就能提醒自己想起来相对应的故事情节。此外，随手画画还可以引导孩子更注意故事的脉络，有助于孩子对于故事的深刻理解。所谓一通百通，也许提升孩子语言表达能力的过程是痛苦的，孩子因为小，注意力很容易分散，所以他们更容易被精彩的故事情节吸引，而无法对整个故事都有良好的把握。在这种情况下，父母应该多多提示孩子，也想办法引导孩子对故事情节进行梳理，才能让孩子成功地以时间或者事情的发展为顺序，复述完整的故事。总而言之，孩子的成长需要父母无微不至的照顾和坚持不懈的扶持，每位父母都要更加用心地照顾孩子，也要更加专注地陪伴和引导孩子，让孩子有长足的进步和好的发展。

对于年幼的孩子，为了帮助他们更好地理解故事，父母最好为孩子选购那些有插画的书籍。这样一来，孩子也许在听过一个故事之后，对于故事情节虽没有太深刻的印象，但是却能

够根据精美细致的画面，对故事的大概有所了解。而且，孩子
所处的身心阶段，也决定了孩子对于图画会有更深刻的印象，
所以父母一定要从图画书开始，让孩子接触故事，也要通过图
画让孩子对故事印象深刻。

教会孩子先理解语言再进行复述

　　近来，才三岁半的王子突然喜欢上接电话。每次家中的
电话响起，王子都会抢先一步拿起话机，然后煞有介事地接电
话。一天下午，妈妈正在厨房里做饭呢，听到电话铃响，妈妈
正准备擦擦手去接电话，却发现王子已经拿起了电话。为此，
妈妈只好站在一旁等着。

　　话筒的声音很大，妈妈站在一旁完全听到了电话里的声
音。原来，电话是爸爸打来的。爸爸问王子："王子，妈妈
呢？"王子回答："妈妈在做饭。"爸爸又问："王子，你告
诉妈妈，爸爸晚上加班，不回家吃饭了。"王子说："好的。
爸爸，你为什么要加班？"爸爸说："因为爸爸接到了一个很
重要的任务，要赶着完成，否则老板就要生气的。"王子无奈
地说："好吧。爸爸，你们的老板比老师还厉害吗？"听到王
子的话，爸爸忍不住笑起来，说："是啊，老板可比老师厉害

多了。爸爸不跟你说了，你记得告诉妈妈爸爸晚上加班，不回家吃饭了。晚上见，王子。"就这样，爸爸挂断电话。

王子站在电话机旁发了会儿呆，似乎正在思考如何告诉妈妈呢！看到妈妈就站在身边，他高兴地对妈妈说："妈妈，爸爸的老板比老师厉害。"妈妈听到王子只记住了这句话，不由得笑起来，因而耐心地引导王子："爸爸还说了什么？"王子用心想了想，说："爸爸说他的任务很重要。"妈妈心里说：完了，估计想不起来要告诉我什么了。果不其然，王子说完这些话就高高兴兴去玩了。妈妈只好追问王子："爸爸回来吃饭吗？"王子这才想起来："爸爸不回来吃饭。爸爸要加班。"妈妈笑着告诉王子："这才是爸爸想让你告诉妈妈的，对不对？你要记住重要的内容，再把它告诉妈妈，好吗？"王子点点头。妈妈意识到王子的复述能力很弱，因而和爸爸约定经常让王子充当传话人。有的时候，即使爸爸妈妈都在家，他们也会让王子代为转达。在若干次练习之后，王子的复述能力越来越强，再也不会颠三倒四、不分主次了。

孩子正处于语言能力快速发展的阶段。为了提升孩子的语言能力，父母要从各个方面有意识地锻炼孩子。对于年幼的孩子，他们还无法复述整个故事，那么就可以从复述一句话开始。尤其是对于三岁左右的孩子，如果突然之间就对接打电话产生了兴趣，那么父母也可以有意识地多让孩子接打电话，从而激发起孩子发展语言表达能力的兴趣，也卓有成效地帮助孩子提升语言表达能力。

当然，要想准确复述别人的话，还应该提升孩子的理解能力。如果孩子理解能力很弱，根本不知道别人在说什么，或者在理解别人的话时产生了误解，那么如何能够准确到位地复述别人的话呢？由此可见，准确复述的基础和前提条件，是能够深入理解他人的话。父母要想提升孩子的语言表达能力，就要让孩子学会倾听，也提升孩子的理解能力，这才是重中之重，关键所在。

参考文献

[1]赵麦芹. 儿童口才课[M]. 天津：天津人民出版社，2019.

[2]杨苏北. 儿童口才艺术与沟通技巧[M]. 北京：中国商业出版社，2019.

[3]林静. 儿童语言能力综合训练与提高[M]. 济南：济南出版社，2010.

[4]小雨姐姐. 儿童口才训练[M]. 北京：中国传媒大学出版社，2016.